Edición de partituras y composición musical

MuseScore

Primeros pasos

Edición avanzada

Proyectos de uso en la composición musical

Álvaro Buitrago Téllez

Autor: Álvaro José Buitrago Téllez

ISBN 978-84-686-0713-9

MuseScore Edición de partituras y composición musical

Gráficos y diagramas: Álvaro José Buitrago Téllez

Imágenes para partituras de ejemplo bajo licencia de la página www.123rf.com

2

A mis padres y hermanos.

A mi media naranja Susana y a los peques Rebeca y David, gracias a los cuales este proyecto ha sido interrumpido por gratos momentos de juego, diversión y alguna que otra preocupación. Sin su inspiración no hubiera visto la luz.

A todos mis compañeros músicos especialmente a aquellos cuyo entusiasmo se contagia más allá de cualquier presuntuosa superioridad.

En especial a todos aquellos alumnos de los que tanto he aprendido y aprendo cada día por su frescura, su pasión y su vivencia natural de la música.

<u>AGRADECIMIENTOS:</u>

En gran parte este proyecto ha sido inspirado por el apoyo desinteresado y la confianza del equipo directivo del Conservatorio de Música de Valladolid en especial de Mario Garrote Soto que pusieron todas las facilidades para el desarrollo de asignaturas optativas para familiarizar a los alumnos con el uso creativo y cotidiano de las TIC´s

Del mismo modo a los responsables del Centro de Recursos y Formación del Profesorado en TIC´s de la Junta de Castilla y León que me han incluido en varias ocasiones como tutor en sus cursos.

Y no podría faltar el reconocimiento a muchas de las excelentes personas que desinteresadamente me han apoyado y compartido información en tantas charlas interesantes y amenas en los foros de ABCmusicos donde se apoya al software libre. En especial a Miguel A. López, Fredo Vollmer y Jokin Sunkunza.

Este libro no es más que una muestra de todo lo que he aprendido de vosotros y gracias a vosotros. Espero haber conseguido mínimamente trasmitir ese entusiasmo y sabiduría.

En Medina del Campo, 6 de mayo de 2012

Álvaro J. Buitrago Téllez

4

5

6

7

8

PRÓLOGO

El interés que ha despertado Musescore en tantos tipos de músicos y aficionados hacía necesario un trabajo que no sólo aclarara y ordenara sus herramientas en un manual de uso. El presente es además un texto que nos descubre las múltiples vías que la edición con Musescore ofrece, desde los primeros pasos hasta la escritura avanzada. Para ello, el autor expone en un orden progresivo, con profusión de ejemplos y ejercicios propuestos, el material necesario para un correcto dominio del programa, y cuya creatividad en la resolución de algunas dificultades nos prepara para superar aquellas que podamos encontrar en nuestro quehacer editor y que, por las obvias razones de espacio, ningún manual por amplio que se pretenda es capaz de contener.

El espíritu del software libre ha ido brotando poco a poco a lo largo de los últimos años en todos los ámbitos de aquello que hoy día llamamos "producción de contenidos" y, como no podía ser de otra manera, la producción musical y la edición de partituras han visto multiplicadas las aplicaciones con las que obtener buenos resultados. Más allá de ofrecer soporte tanto a aficionados como a profesionales, el software libre lleva incorporada la filosofía de compartir y abona el campo de la cooperación en la realización de trabajos gracias a estar programados para funcionar en las plataformas más comunes (Windows, Mac y Linux), a la portabilidad de la mayoría de sus programas y a la gran variedad de formatos con los que opera.

Musescore es, ya desde sus versiones beta, uno de estos programas. La reciente versión 1.2 viene a satisfacer las pretensiones más básicas y la demanda de los usuarios ocasionales, amateurs, estudiantes o músicos en general cuyas partituras se hacían por su sencillez o a mano o, cada vez más, con programas "parcheados" que carecen de soporte necesario, ponen en riesgo los equipos y, cumpliendo la fatídica ley de Murphy, fallan a menudo en mitad (o peor, ¡al final!) de trabajos importantes. Además convierte a sus usuarios en ¡promotores de una actividad ilegal! Los más de 3 millones de descargas que hasta hoy ha registrado Musescore suponen el éxito de un proyecto de código abierto que acaba con buena parte de las arriesgadas instalaciones de programas *"crackeados"*, gracias a un producto con que realizar dichos trabajos básicos.

Sin embargo el mayor valor de Musescore entre los editores de partituras (incluyendo gran parte de los editores comerciales) es el esfuerzo de sus programadores y colaboradores por la sencillez de uso con una interfaz limpia y una paleta de herramientas completa y a la vez justa. A la edición con Musescore no escapan por ejemplo composiciones instrumentales desde el solo hasta las formaciones orquestales, partes vocales con letra, "lead sheets" (melodía y cifrado de acordes), hojas de trabajo o ejercicios de clase, análisis de obras, ejemplos musicales para ensayos, presentaciones, etc. con todos los detalles que los ejemplos mencionados exigen.

En mi actividad como arreglista, compositor, intérprete y docente he descubierto en Musescore un programa al alcance de mis compañeros y alumnos, quienes acceden no sólo a los contenidos generados en formatos de audio, de imagen e imprimibles, si no a la edición de los mismos en los formatos nativos .mscz y .mscx. Además Musescore desarrolla la exportación y lectura de archivos midi y xml, completando y garantizando la comunicación e intercambio de ideas, por lo que podría decirse que resulta obligado para cualquiera que trate de un modo u otro con textos musicales tener y dominar mínimamente el programa.

El progreso de Musescore se debe en gran medida a sus usuarios, que comentan en los foros oficiales sus dudas y sugerencias. Estoy convencido de que este texto servirá para elevar el nivel de uso de los que ya disfrutamos del programa y participamos en su difusión, lo que contribuirá a mejorar la herramienta que estás a punto de descubrir.

Miguel A. López[1]. 4 de mayo de 2012

10

---

[1] Miguel A. López Blazquez es saxofonista, arreglista, compositor, intérprete y docente especializado en Jazz. Imparte clases en el centro superior de música del País Vasco Musikene.

CÓMO USAR ESTE LIBRO

El presente libro no está pensado para la lectura secuencial y continuada. Presenta una colección de tutoriales prácticos sobre el uso del editor de partituras basadas en la realización de ejemplos siguiendo las pautas marcadas que describen a su vez funciones del programa.

Más que el uso del programa nos interesa fomentar su utilización para hacer música y trasmitirla. Bajo ese principio pretende dar una serie de recursos a un público variado: el estudiante de música, los profesores de diferentes niveles educativos, los compositores de diferentes estilos e incluso los editores. La mayoría de libros de este tipo se limitan a describir las funciones del programa, hemos intentado en este presentar las capacidades para componer música, hacer arreglos, elaborar ejercicios y desarrollar contenidos didácticos, además de los más evidentes en el terreno de la trascripción de partituras.

Dependiendo del nivel de conocimiento del programa se puede empezar abordando cada una de las partes, o simplemente buscar los ejemplos y tareas propuestas y tratar de hacerlas. Para ello estas tareas se encuentran identificadas con un recuadro y un icono para localizarlas fácilmente.

Tarea 22. Propuesta de composición o tarea

(partitura a imitar o ejemplo)

Navegando por ellas podremos ir conociendo los objetivos para trabajar sobre el ordenador mientras el libro nos ayuda en la manera de hacerlos.

Además el libro se complementa con descargas y contenidos extra en el blog:

http://musescoretutoriales.blogspot.com

Además de encontrar ejemplos en video e imágenes de libro en color podrás dejar tus comentarios y dudas para completar el aprendizaje planteado en el libro.

Disfruta aprendiendo.

PRIMERA PARTE

FUNDAMENTOS DE EDICIÓN DE PARTITURAS

12

1 MUSESCORE

MuseScore es un editor de partituras gratuito que puede usarse en sistemas Windows, MacOS y Linux (Ubuntu). Y otra gran ventaja de MuseScore es que está casi totalmente traducido al castellano.

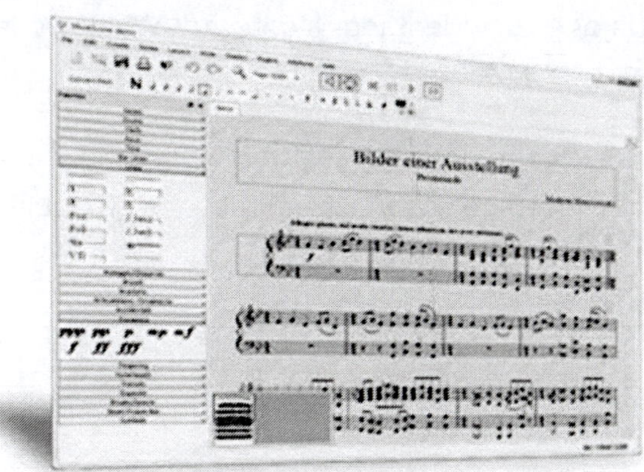

El funcionamiento de MuseScore es muy sencillo y aunque no dispone de funciones avanzadas como otros editores permite editar buenas partituras y exportar a gran cantidad de formatos.

Usar MuseScore nos permite prescindir de la piratería y de sus peligros. Introducirnos en el mundo de la edición de partituras con un programa avanzado y bastante completo. El material que creemos podrá ser exportado a otros editores gracias a la gran cantidad de formatos.

MuseScore tiene un gran potencial en el terreno educativo. Primero por su coste cero y después por su portabilidad. MuseScore puede llevarse en una memoria USB y ser ejecutado en cualquier ordenador aunque no tengamos derechos de administrador.

Además el material creado podrá ser compartido fácilmente con los alumnos que podrán tener el programa original sin problema alguno.

Por todas estas razones MuseScore no es solo un programa recomendable para recién iniciados y estudiantes, sino un programa complementario a los grandes de la edición como Sibelius y Finale. Casi todos los artistas trabajan con varios programas de edición según el resultado buscado. Por ejemplo un fotógrafo utilizará un programa para la edición general, probablemente otro para redimensionar las fotos, otro para trabajar en formatos HDR y posiblemente más para trabajar con fotos panorámicas. Cada programa tiene sus potencialidades y puntos débiles.

Lo mismo ocurre con MuseScore. Para muchas cosas puede ser más cómodo que los editores comerciales. Pero hay que reconocer que, al menos a día de hoy, sus capacidades de reproducción están bastante por detrás, también la personalización de la partitura con fuentes musicales propias o el trabajo con notaciones avanzadas.

El desarrollo de MuseScore es prometedor y el número de usuarios crece en grandes proporciones día a día, sean usuarios exclusivos o los que lo utilizamos como recurso complementario en algunos contextos.

Aprender y descubrir sus secretos es importante para el músico. Especialmente por que muchos de ellos podrán ser aplicados en cualquier editor de partituras.

1.1 Atajos de teclado para usuarios de MacOS

Los atajos de teclado son casi idénticos para los usuarios de los diferentes sistemas operativos. Aunque en el libro los atajos estén orientados a entornos Windows, la principal diferencia es cuando debe usarse la tecla Ctrl (Control).

En los teclados MacOS la **tecla Ctrl debe ser sustituida por Cmd y ALT por Option**. Todos los demás atajos serán iguales en ambos sistemas operativos y en Ubuntu.

1.2 Material complementario: descargas

Para hacer el libro más asequible a la mayor parte del público se ha optado por imprimirlo en blanco y negro. Sin embargo en la dirección:

http://musescoretutoriales.blogspot.com

14

podrás ver y descargar partituras, ejemplos en color y materiales complementarios para realizar algunas prácticas.

Además suscribiéndote al mismo podrás realizar preguntas y sugerir tutoriales complementarios para la creación de determinadas partituras.

También encontrarás enlaces e información actualizada sobre MuseScore y otros editores de partituras.

2 FAMILIARIZÁNDOSE CON MUSESCORE

2.1 Explorando el entorno de trabajo de MuseScore

El entorno de trabajo en MuseScore es bastante intuitivo y fácil de comprender. Sin embargo detrás de esa apariencia simple para la edición, se esconden funciones muy avanzadas e interesantes que iremos descubriendo.

2.1.1 Menús

Como en otros programas permiten el acceso a las funciones del programa. Aunque la mayoría de las funciones son accesibles desde los paneles y los atajos de teclado, es importante familiarizarse con los apartados Diseño y Estilo para mejorar o cambiar la presentación de nuestra partitura.

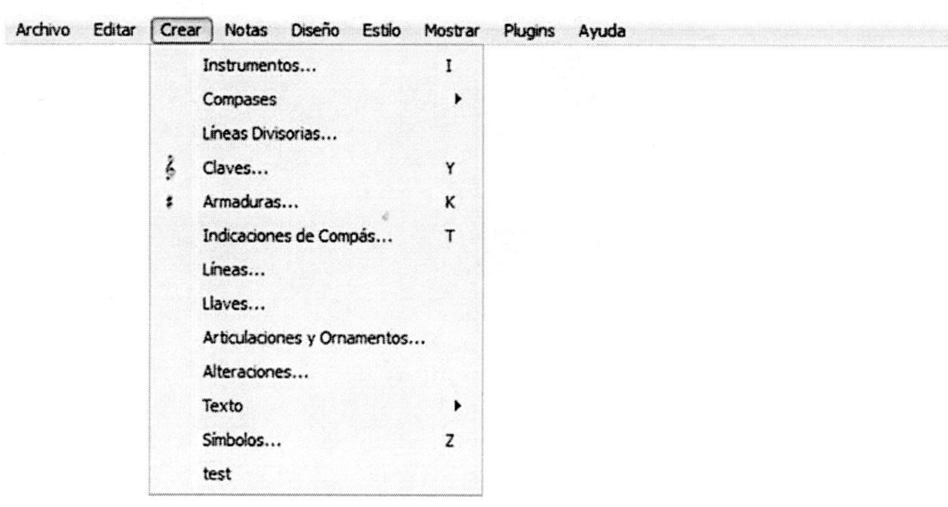

2.1.2 Panel de archivo

Presenta las funciones habituales de crear, abrir, guardar, imprimir, ayuda, deshacer, rehacer y zoom.

2.1.3 Panel de transporte o reproducción.

Contiene los controles de reproducción: Habilitar sonido mientras se edita, habilitar entrada desde MIDI (teclado), Ir al comienzo, Reproducir, Activar o desactivar repeticiones.

2.1.4 Botón de tono de concierto.

- Cuando está **desactivado** muestra las <u>notas que leen</u> los instrumentos transpositores (trasportadas respecto al tono de afinación).
- Si está **activado** muestra las <u>notas que suenan</u> en los instrumentos transpositores (como si estuvieran afinados en do)

2.1.5   Panel Introducir nota.

Pulsando la N accedemos a la introducción de notas. También se pueden introducir notas pulsando el icono de la nota y haciendo clic sobre el pentagrama. Los números 1, 2, 3 y 4. Sirven para introducir diferentes voces en un mismo pentagrama. (Explicado con detalle más adelante)

2.1.6   Paletas de edición

Contienen las herramientas de edición para cambiar y retocar aspectos de la partitura como: añadir notas de adorno, notación para percusión, cambiar claves, cambiar armaduras, indicaciones de compás, barras de compás, líneas (ligaduras, reguladores, repetición 1y 2), etc.

2.1.7   Navegador

Presenta una miniatura de las páginas de la partitura. Desplazando el ratón y arrastrando el rectángulo azul interior nos movemos rápidamente por ella. Útil en la edición de partituras con muchas páginas.

2.1.8   Barra de estado

Muestra la información sobre la posición en la partitura.

16

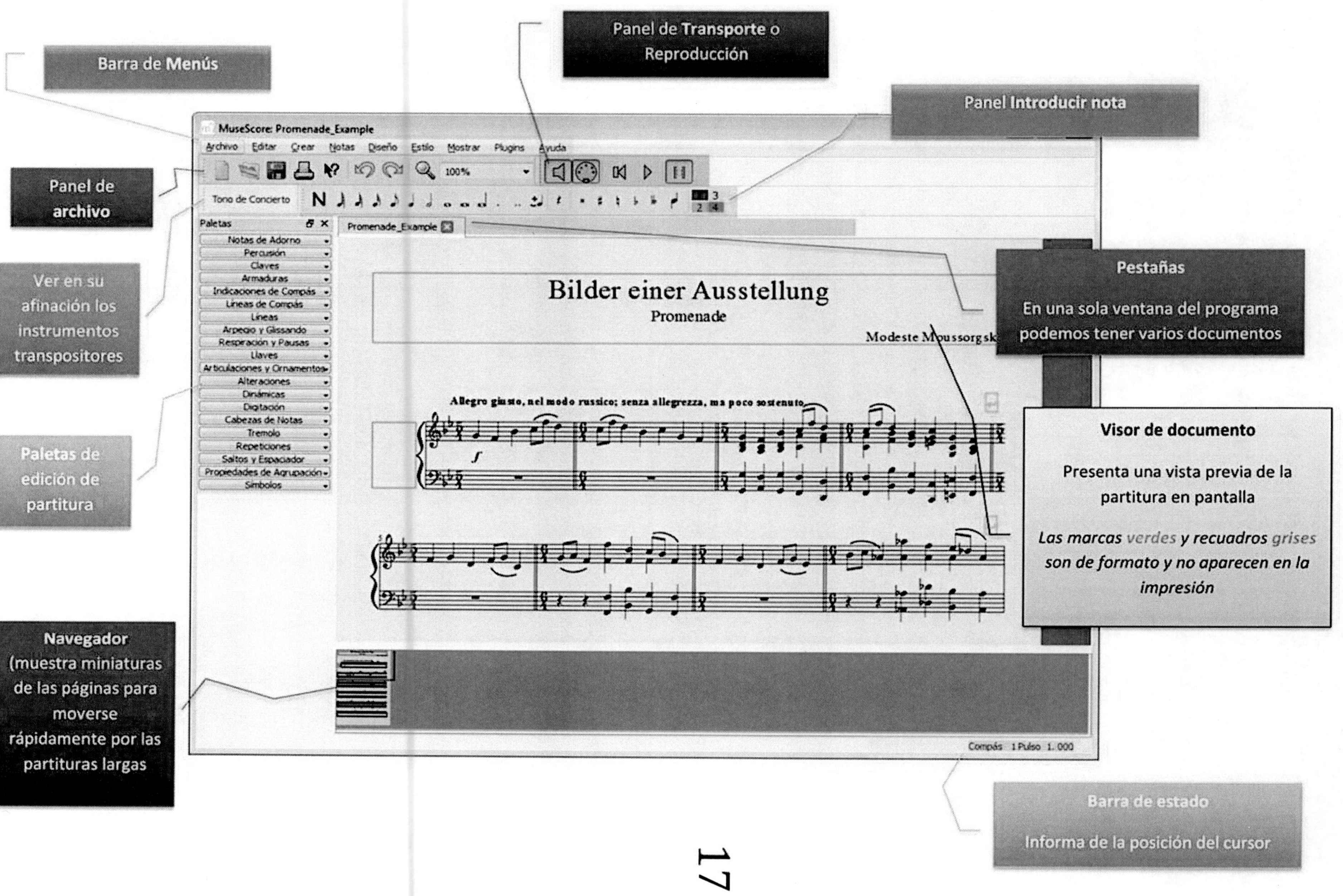

Barra de Menús
Panel de Transporte o Reproducción
Panel Introducir nota
Panel de archivo
Ver en su afinación los instrumentos transpositores
Paletas de edición de partitura
Navegador (muestra miniaturas de las páginas para moverse rápidamente por las partituras largas
Pestañas
En una sola ventana del programa podemos tener varios documentos
Visor de documento
Presenta una vista previa de la partitura en pantalla
Las marcas verdes y recuadros grises son de formato y no aparecen en la impresión
Barra de estado
Informa de la posición del cursor
MuseScore: Promenade_Example
Archivo   Editar   Crear   Notas   Diseño   Estilo   Mostrar   Plugins   Ayuda
100%
Tono de Concierto
Paletas
Notas de Adorno
Percusión
Claves
Armaduras
Indicaciones de Compás
Líneas de Compás
Líneas
Arpegio y Glissando
Respiración y Pausas
Llaves
Articulaciones y Ornamentos
Alteraciones
Dinámicas
Digitación
Cabezas de Notas
Tremolo
Repeticiones
Saltos y Espaciador
Propiedades de Agrupación
Símbolos
Promenade_Example
Bilder einer Ausstellung
Promenade
Modeste Moussorgsky
Allegro giusto, nel modo russico; senza allegrezza, ma poco sostenuto
Compás   1 Pulso   1. 000

2.2   Introducir notas en MuseScore (N)

Vamos a ver un caso práctico de edición de partitura en MuseScore paso por paso.

Es importante conocer primero el panel Introducir notas y sus atajos de teclado:

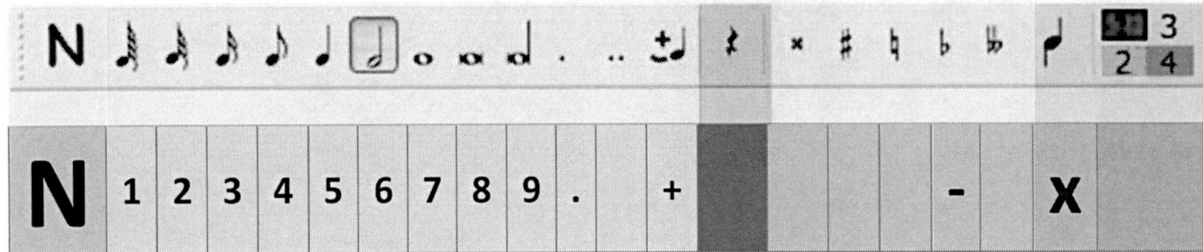

- Para **activar la introducción de notas** pulsa el botón **N** o la letra en el teclado.
- Elige la **duración de la figura** pulsando en su icono o con los números del 1 al 9 del teclado. (por ejemplo, 4 para la corchea, 5 para la negra o 6 para la blanca).
- Si la figura lleva **puntillo** además del número marcaremos el icono o el. en el teclado.
- Si la nota lleva **alteración** pulsamos, *después de introducirla,* el botón correspondiente (solo existe un atajo para el bemol la tecla - , pero podemos modificar la afinación de cualquier sonido por semitonos pulsando **flecha arriba** para el sostenido, becuadro; o **flecha abajo** para el bemol, becuadro)
- Si tenemos que introducir una **nota ligada** elegimos *primero el valor* y luego pulsamos el botón o la tecla **+**. Puesto que la ligadura afecta a notas del mismo nombre y altura no hace falta nada más. (**IMPORTANTE**: no confundir esta *ligadura de unión*, que suma valores de notas del mismo nombre y altura, con *la ligadura de expresión o legato* que se hace de otra manera)
- Para introducir **silencios**. Elije el valor de la figura y pulsa **0** en el **teclado numérico**. Si tienes una nota escrita y la quieres convertir en silencio haz clic sobre su cabeza y pulsa 0 en el teclado numérico o Ctrl+X. Si quieres convertir un silencio en nota haz clic sobre él y pulsa el nombre de la nota en el teclado (nomenclatura del cifrado americano)
- Para escribir **acordes** una vez escrita la nota más grave pulsa **Alt+nº** (el número es el del intervalo que separa cada nota de la siguiente, pulsamos a la vez la tecla Alt y el número) Para hacer un acorde mayor escribimos la primera nota y luego pulsamos **Alt+3** y de nuevo **Alt+3** (cada intervalo es a partir de la última nota escrita) Si queremos escribir el acorde a partir de la nota superior teclearemos **May+nº**, es decir, cambiando **Alt** por **May** las notas se añaden hacia abajo.
- Dibujar las **ligaduras de expresión o legatos**. (No confundir con la ligadura de unión explicada anteriormente). Para dibujar una ligadura de expresión debemos pulsar la **tecla S en el teclado**. También se puede hacer desde *Paleta>Líneas*, pero lo veremos más adelante. La forma más rápida y sencilla de crear una ligadura de expresión es:
    o   Selecciona la cabeza de la nota donde empieza.
    o   Mientras mantienes pulsada la tecla **Mayúsculas** haz clic sobre la nota en la que acaba la ligadura y suelta. Aparecerá un rectángulo azul de selección y las notas interiores también en azul. Pulsa la tecla S y la ligadura de expresión se creará automáticamente.

- o Si la ligadura se ha creado encima y la prefieres debajo o viceversa, haz clic en la ligadura y pulsa la **tecla X.** La ligadura pasará de estar encima abajo o viceversa.
- o Si necesitas ajustarla haz **doble clic sobre la ligadura** y utiliza los cuadrados para arrastrar y cambiar su forma.

Al igual que en otros editores hay varias formas de introducir las notas.

- **Con el ratón**: Seleccionamos una duración en el panel Introducir notas y la colocamos en la partitura. Es un poco cansada. Podemos combinar esto con el uso del teclado para seleccionar la duración:

Para elegir la altura tecleamos el nombre de la nota en inglés:

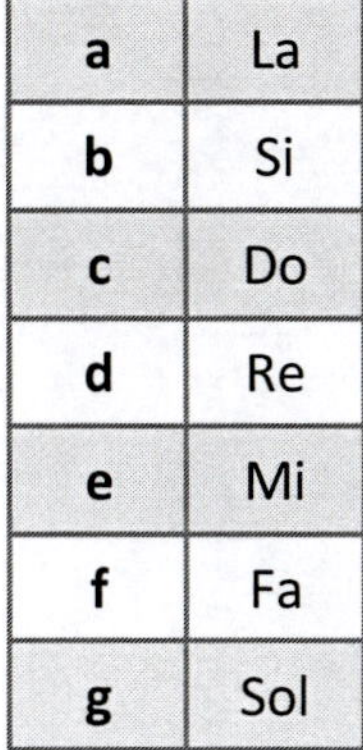

a	La
b	Si
c	Do
d	Re
e	Mi
f	Fa
g	Sol

El programa añade la nota más cercana con ese nombre. Si tenemos que cambiarla de altura una vez escrita y antes de introducir la siguiente, pulsamos **Ctrl+ flecha arriba** para subirla una 8ª o **Ctrl+flecha** abajo para bajarla una 8ª.

- **Paso a paso con un teclado MIDI:** De esta manera podemos introducir más rápidamente las notas seleccionando la duración en el panel Introducir notas y tecleando las notas en el teclado. Es especialmente útil para introducir acordes pues tocando el acorde se escriben todas las notas a la vez.

MuseScore no permite todavía grabar una interpretación con un teclado MIDI. La ventaja de este método es que se puede introducir una melodía en pocos segundos simplemente tocándola. Aunque el inconveniente es que si no toca de una manera muy exacta hay que rectificar mucho.

2.3   Editando una canción popular en MuseScore

Para crear un nuevo documento vamos a o pulsamos sobre el icono 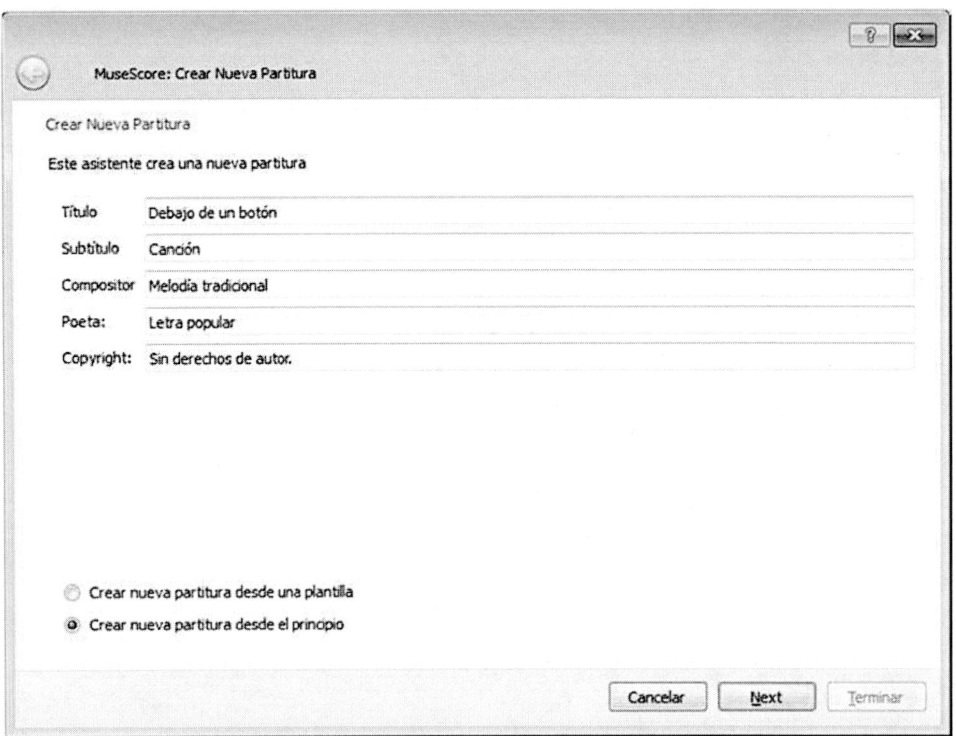. Aparece un panel donde podemos configurar los datos de nuestra partitura. (IMPORTANTE: Todos estos datos pueden añadirse después, por lo que si quieres escribir una nueva composición puedes pasar todas las pantallas y añadirlos después sobre la partitura.)

Rellena el panel con estos datos para comprobar el efecto final en la partitura.

En la zona inferior aparecen dos opciones:

- **Crear nueva partitura desde una plantilla**. Nos permite añadir en un solo clic todos los instrumentos de una plantilla instrumental, p.e. un cuarteto de cuerda, una orquesta sinfónica o un coro.
- **Crear nueva partitura desde el principio**. Nos permite elegir uno a uno los instrumentos de nuestra composición.

Vamos a seguir con esta opción para aprender todos los pasos al configurar la partitura. Vamos a escribir la partitura para voz y un acompañamiento simple de piano. En el recuadro Lista de instrumentos nos desplazamos hasta **Vocals>Voice** (los nombres de los instrumentos no están traducidos) y pulsamos Añadir. Luego buscamos **Keyboards>Piano** y hacemos lo mismo. Podemos quitar instrumentos si nos equivocamos, y una vez terminada la partitura podemos volver a añadir y quitar instrumentos. Esto es muy útil pues si queremos reutilizar la partitura para un nuevo conjunto podemos adaptar la partitura escrita sin tener que volver a teclearla.

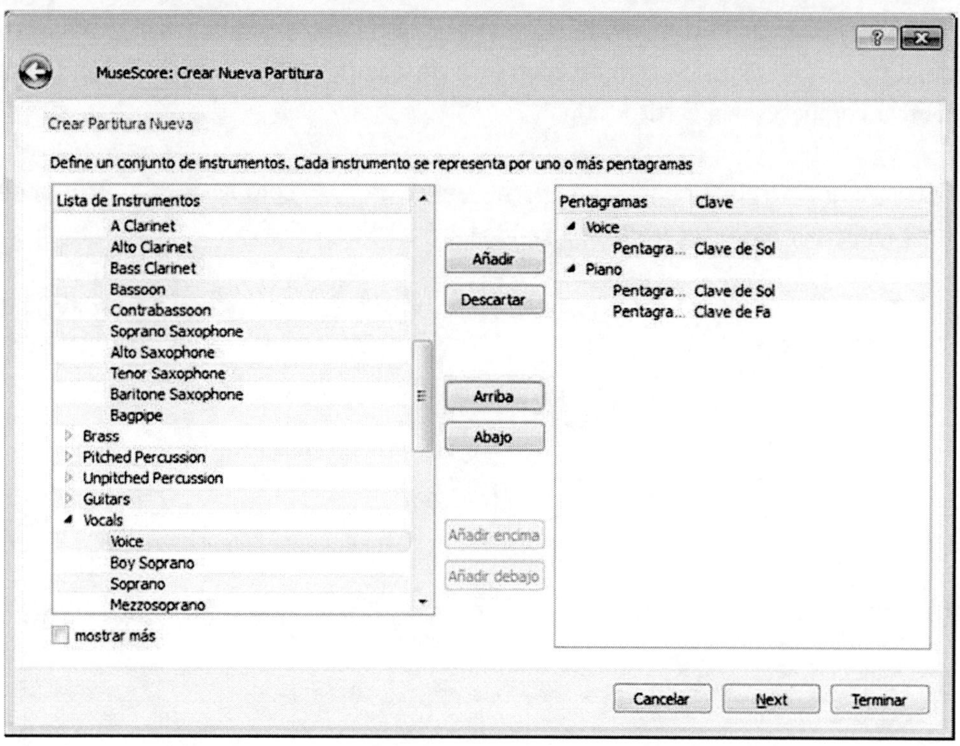

Si queremos cambiar el orden de los instrumentos los seleccionamos en la celda de la derecha y pulsamos en los botones **Arriba** o **Abajo** o hasta obtener el orden deseado.

Una vez configurada la plantilla de instrumentos pulsamos en **Next**. .

Ahora podemos configurar la tonalidad de la pieza musical. Para ello marcaremos la armadura en el panel de tonalidades. En este caso vamos a seleccionar *Sol M* que tiene *un #* y pulsamos de nuevo **Next**.

21

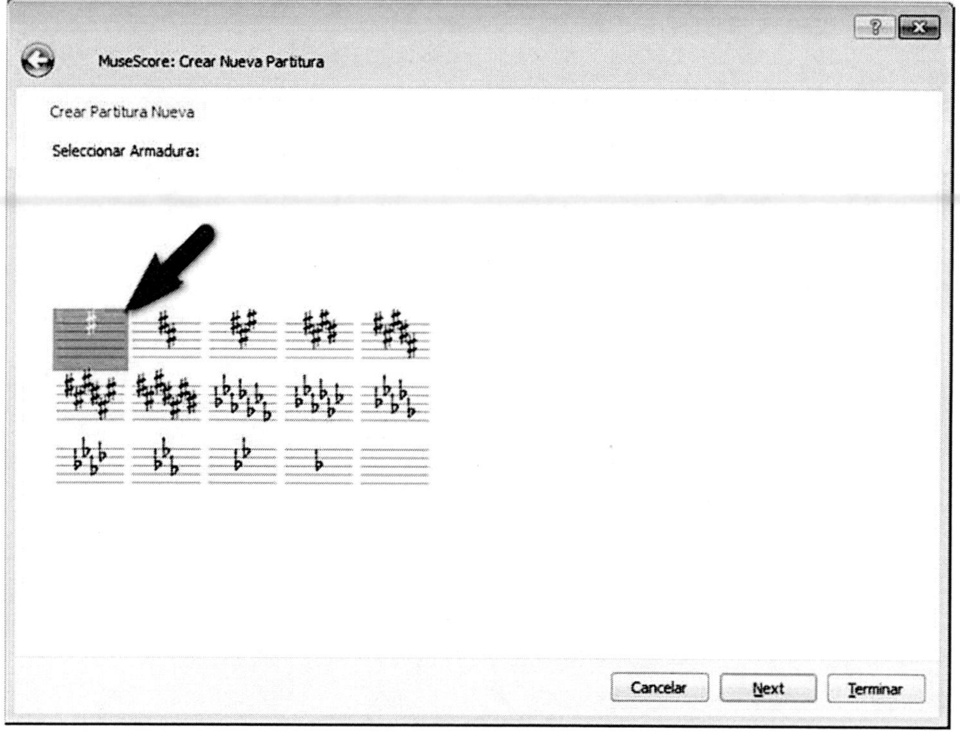

Nos toca ahora configurar el compás, la anacrusa (si la tiene), y el número de compases. No pasa nada si no introducimos el número correcto de compases pues luego aprenderemos a añadir y borrar compases a la partitura final.

En este caso vamos a seleccionar 2 por 4, sin anacrusa, y 8 compases. podemos hacerlo tecleando dentro de la casilla o pulsando las flechas.

Ahora el programa solo nos ofrece la opción Terminar, la pulsamos para ver la partitura final sobre la que escribir las notas.

22

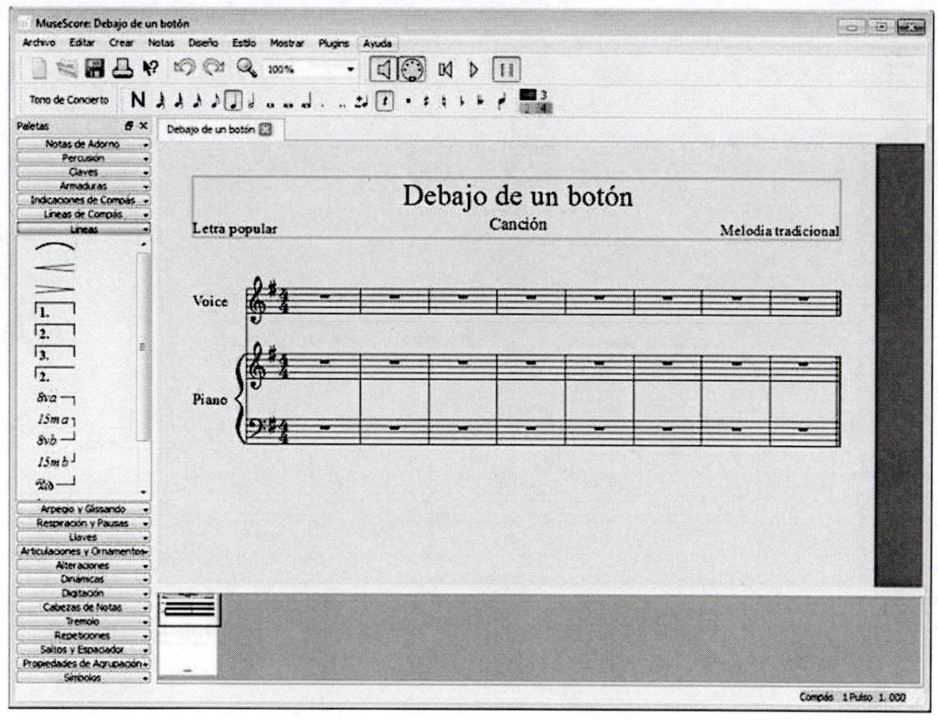

En ella podemos comprobar dónde aparecen los elementos de texto de la canción: título, subtítulo, autor y letrista. El rectángulo gris que los enmarca simplemente es una marca de formato que no aparece al imprimir la partitura. Si hacemos doble clic sobre una de sus líneas veremos un asa cuadrado azul que arrastrando nos permite ampliar o reducir el espacio para estos objetos de texto.

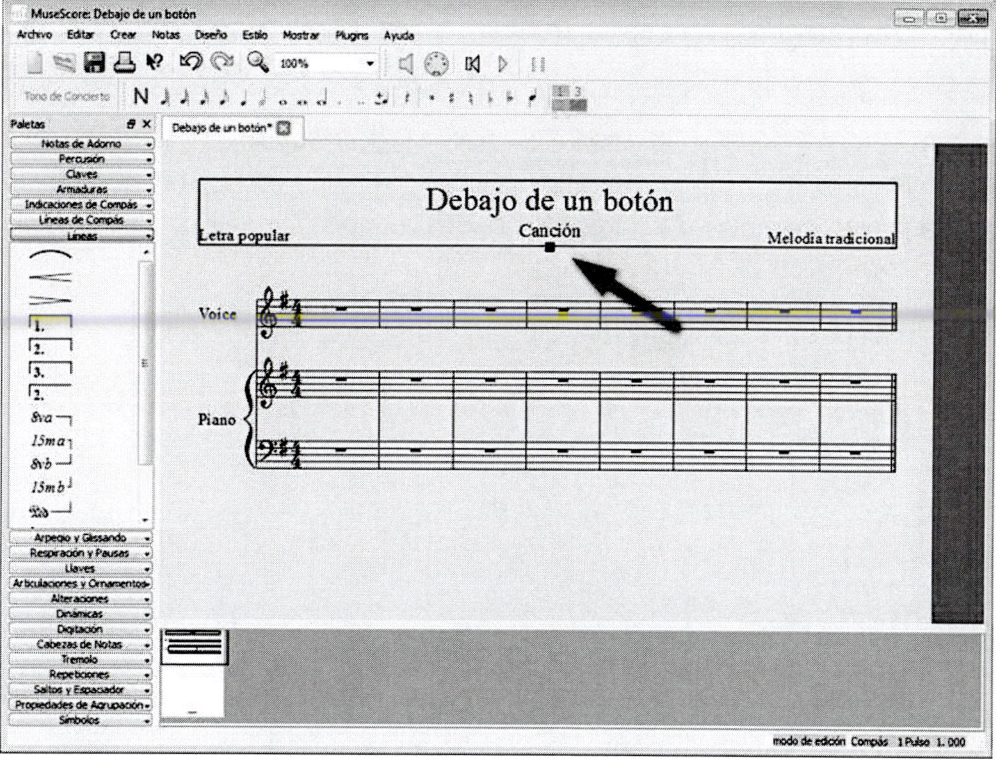

Vamos a tirar un poco hacia abajo para darle más espacio.

23

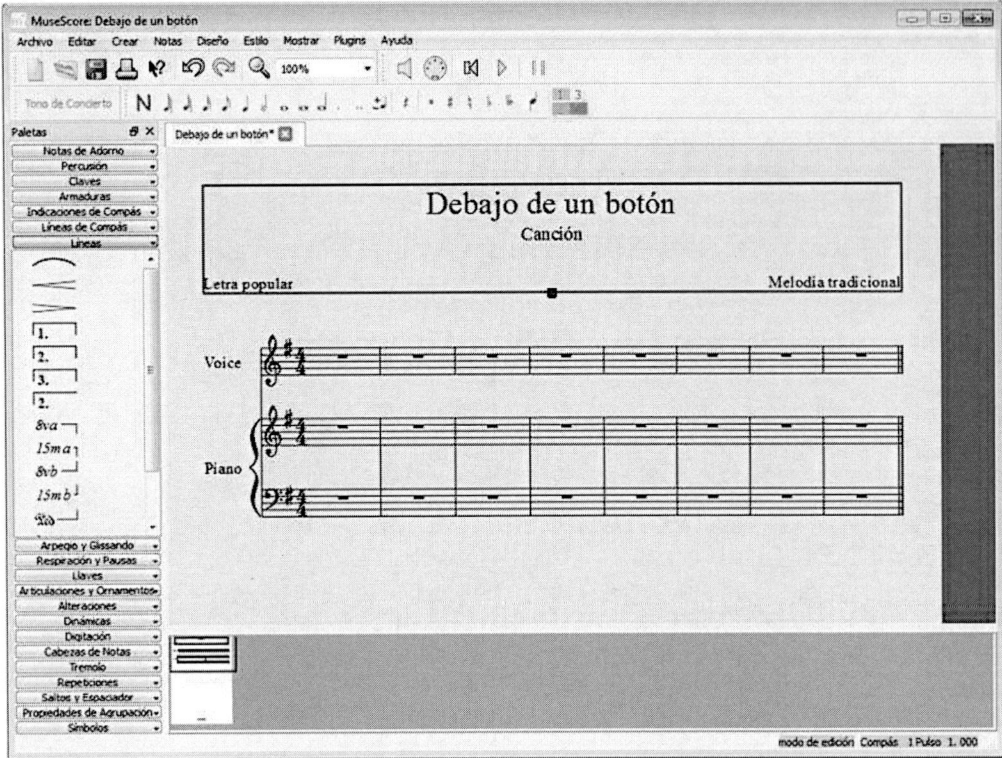

Pulsando en cualquier zona vacía de la partitura o la tecla **Esc** (en la esquina superior izquierda del teclado volvemos al modo normal)

Si has sido observador te habrás dado cuenta de que hemos cometido un error al introducir el compás. Es un error deseado pues nos va a permitir aprender cómo cambiar el compás o introducir uno nuevo más adelante en la partitura.

Buscamos en Paletas (a la izquierda) el botón **Indicaciones de Compás** o pulsamos simplemente la tecla **T** (de *Time signature* o compás en inglés). Buscamos la indicación 2 por 4 y hacemos clic sobre ella y, SIN LEVANTAR EL DEDO, arrastramos hasta estar sobre el primer compás que aparecerá sombreado. Entonces soltamos y ya tendremos el compás deseado. Es más largo de explicar que de hacer.

Si lo hacemos en un compás posterior hay que arrastrarlo cerca del principio del compás para que este se resalte y podamos soltarlo.

Ahora has aprendido el funcionamiento básico de las paletas en MuseScore. Recuerda siempre: hacer clic sin levantar, arrastrar hasta que el objeto se resalte y soltar.

25

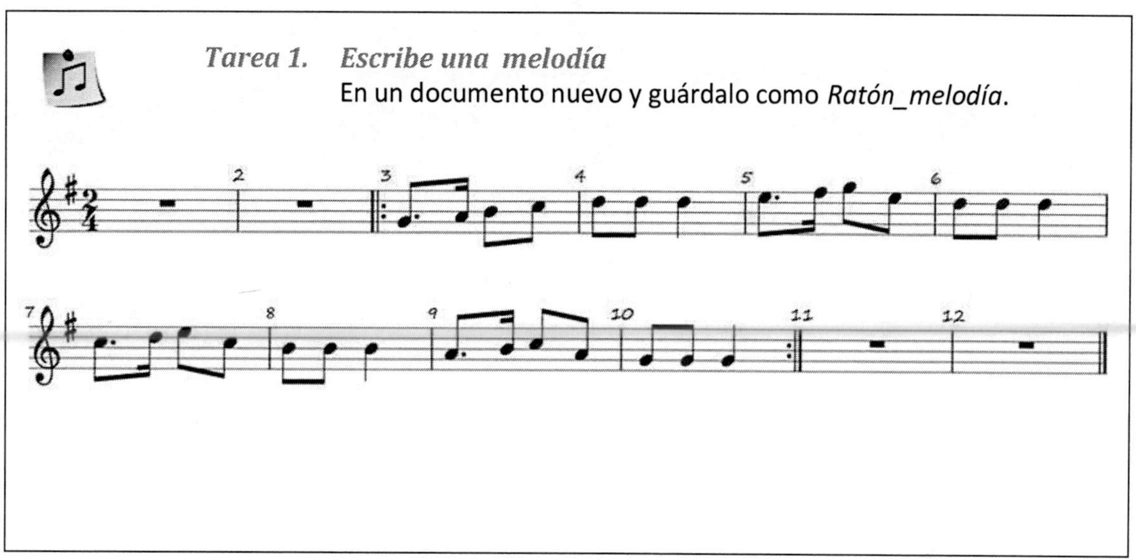

2.4 Introducir letras de canciones (Ctrl+L)

Para introducir textos y otros elementos en la partitura debemos familiarizarnos con el menú **Crear**. La ventaja de este menú en MuseScore es la misma que en Sibelius, podemos acceder desde el menú o rápidamente pulsando el ***botón derecho*** en una zona vacía de la partitura. Así es tan cómodo y rápido como coger un lápiz de la mesa. (Evita muchos desplazamientos de ratón.

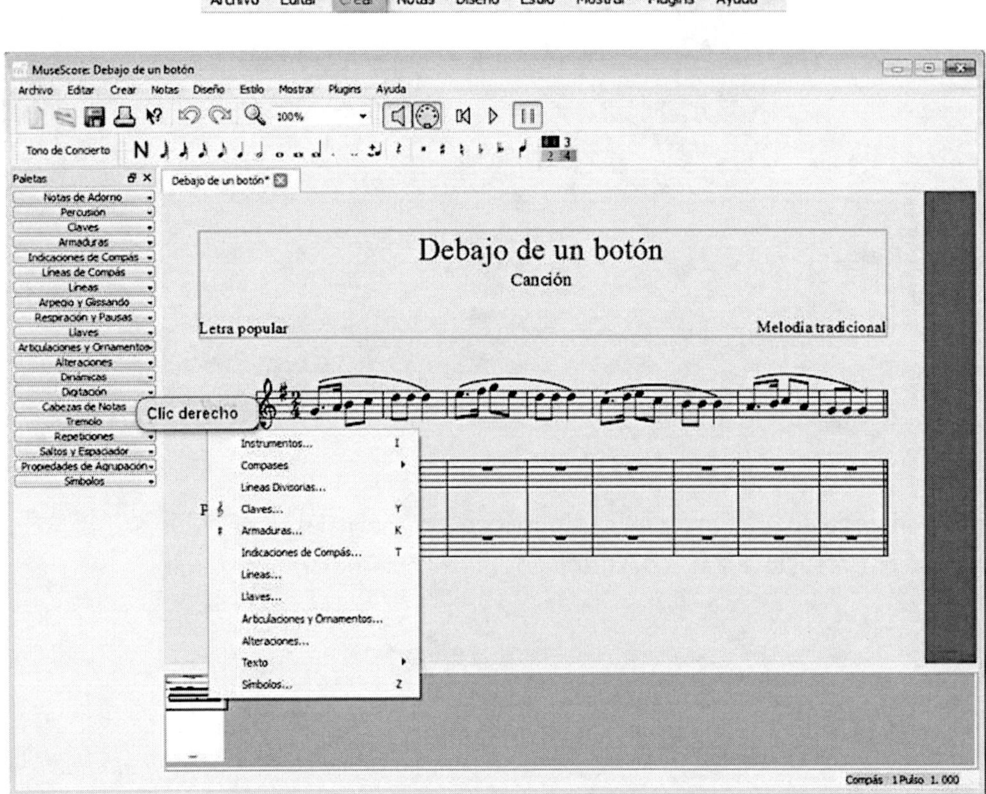

Para crear la letra seleccionamos la primera nota y después **Crear>Texto>Letras**. Atajo de teclado **Ctrl+L** (Este es importante y útil aprenderlo)

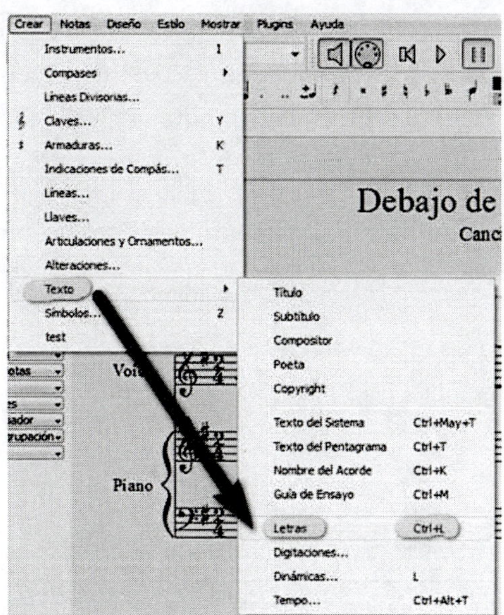

Debajo de la nota nos aparece un rectángulo azul con un cursor dentro para empezar a escribir el texto.

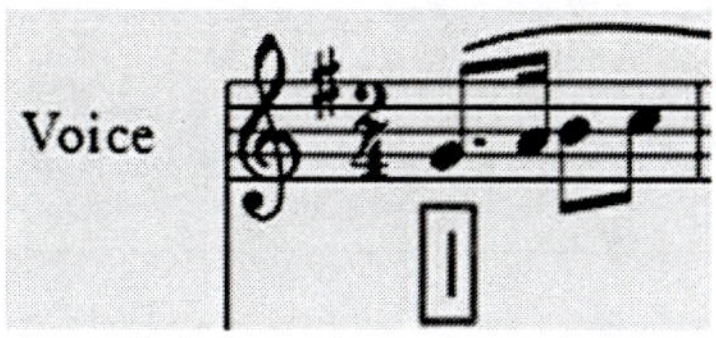

- Si una **palabra tiene varias sílabas** pulsamos – para pasar a la siguiente nota y dibujar un guion entre ellas.

Si hay que **introducir dos sílabas de diferentes palabras** en una nota **Ctrl+ 'barra de espacio'** (MuseScore solo introduce la barra baja para texto en la versión Mac.) Para hacerlo en Windows hay que utilizar el panel de símbolos de texto (icono del teclado al editar texto)

- Si tenemos que **borrar alguna sílaba que hemos introducido mal** hacemos clic con el cursor sobre ella y pulsamos la tecla **Supr**.
- Para borrar varias sílabas a la vez **mantendremos pulsada la tecla Ctrl mientras hacemos clic en cada una de ellas** sin levantar la tecla Ctrl. Una vez las tengamos todas seleccionadas pulsamos Supr.

- **Truco**: A veces MuseScore no borra alguna sílaba y no permite seleccionarla. Para suprimirla si se produce ese error hacemos clic sobre la cabeza de la nota y pulsamos su nombre en inglés (ver) en el teclado. La nota vuelve a escribirse de nuevo pero sin texto asociado.

Como verás MuseScore adapta automáticamente el espacio entre las notas al texto introducido. (Ver video de introducción del texto)

Para añadir una **segunda línea de texto** volvemos a seleccionar la nota inicial y pulsamos **Ctrl+L** o **Crear>Texto>Letras.** Automáticamente MuseScore crea una nueva línea de texto debajo de la anterior.

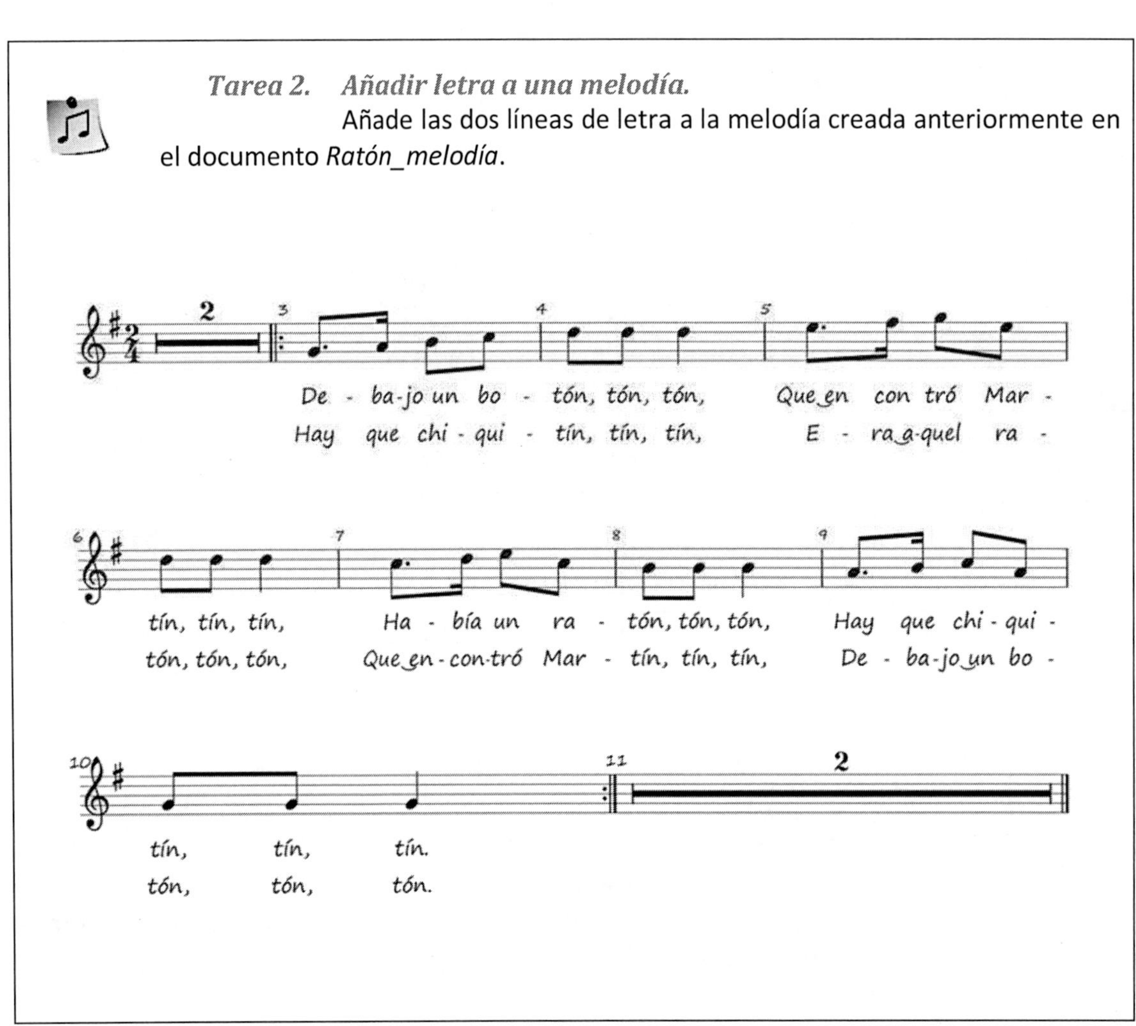

Tarea 2.   Añadir letra a una melodía.
Añade las dos líneas de letra a la melodía creada anteriormente en el documento *Ratón_melodía.*

2.5 Introducción de cifrados de acorde (Ctrl+K)

Para introducir texto que indique los acordes para acompañar la melodía utilizamos **Crear>Texto>Nombre de acorde** o el atajo **Ctrl+K**. Ahora nos aparece un rectángulo azul con cursor sobre las notas.

- **Cifrado en inglés**. MuseScore reconoce automáticamente el cifrado <u>con los nombres de los acordes en inglés</u>. Simplemente tecleando **g** y pulsando la barra de espacio el programa automáticamente escribe **G** al pasar a la siguiente nota. Esto permite ir más rápido en la introducción de los nombres de acordes.

- **Cifrado en castellano**. Si utilizamos los <u>nombres de las notas en castellano</u> debemos introducirlas correctamente con mayúsculas iniciales pues el programa no las ajusta.

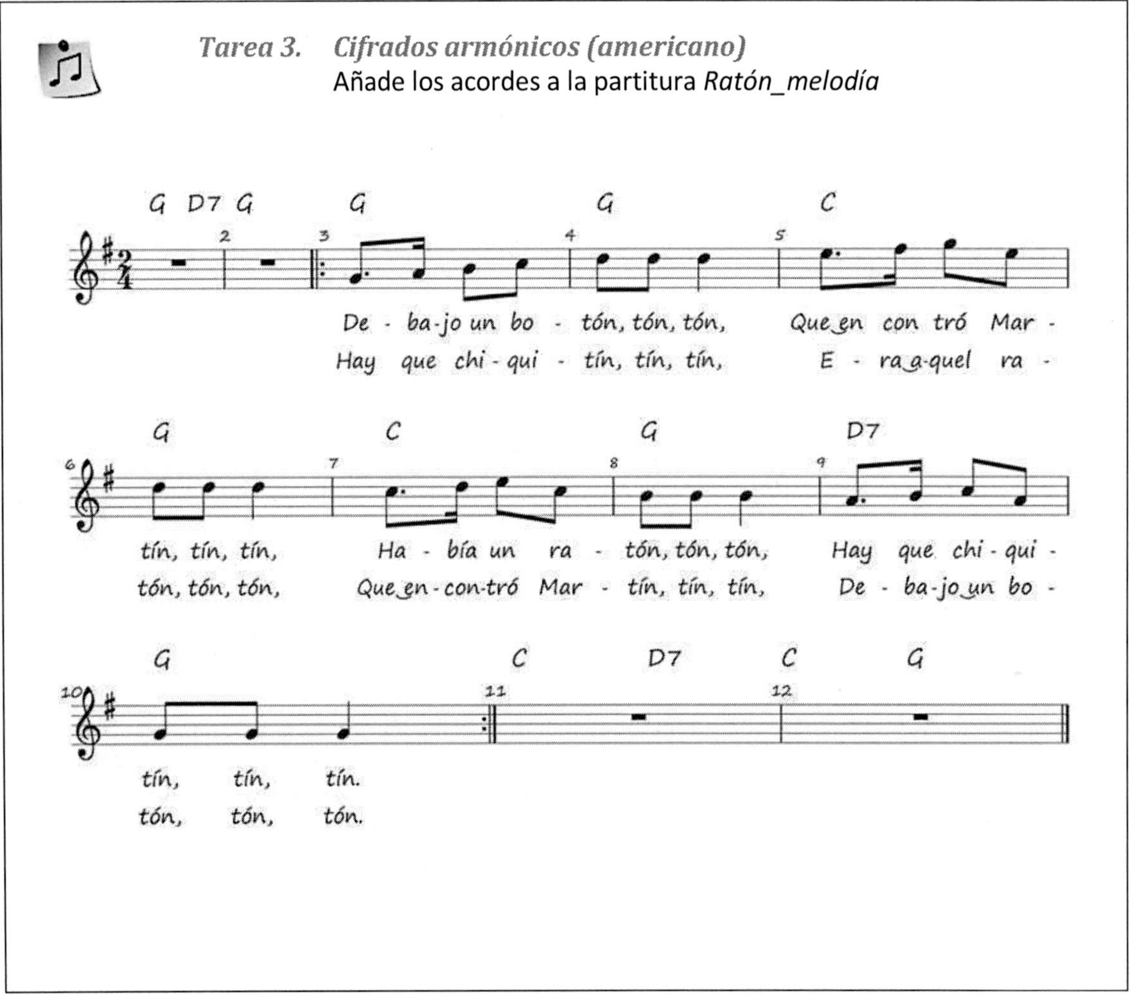

Tarea 3.   Cifrados armónicos (americano)
Añade los acordes a la partitura Ratón_melodía

G D7 G   G   G   C

De - ba-jo un bo - tón, tón, tón,   Que en con tró Mar -
Hay que chi - qui - tín, tín, tín,   E - ra a-quel ra -

G   C   G   D7

tín, tín, tín,   Ha - bía un ra - tón, tón, tón,   Hay que chi - qui -
tón, tón, tón,   Que en - con-tró Mar - tín, tín, tín,   De - ba-jo un bo -

G   C   D7   C   G

tín,   tín,   tín.
tón,   tón,   tón.

2.6 Añadir y borrar compases para crear una introducción (Ctrl+B)

Aunque tenemos nuestra melodía anotada queremos utilizarla para hacer un arreglo que tenga por ejemplo 2 compases de introducción. Eso implica añadir dos compases previos a esa melodía. Para ello utilizaremos el menú **Crear>Compases** (puedes acceder más rápidamente a este menú haciendo clic derecho en una zona vacía de la partitura) donde tenemos varias opciones:

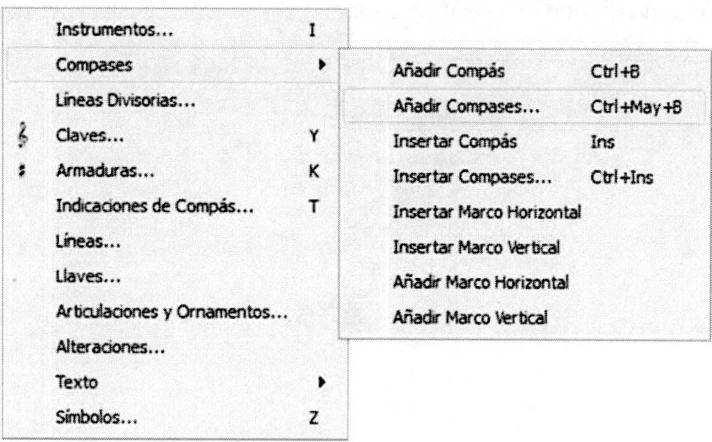

- **Añadir Compás (Ctrl+B)** Añade un solo compás al final de la partitura. Podemos repetir la combinación de teclas las veces que sea necesario.
- **Añadir Compases... (Ctrl+May+B)** Muestra un panel para añadir un número elegido de compases al final de la partitura.
- **Insertar Compás (Ins)** Añade un compás <u>delante</u> del seleccionado (Primero debemos tener seleccionado un compás)
- **Insertar Compases... (Ctrl+Ins)** Añade los compases elegidos en el panel emergente <u>delante</u> del seleccionado.

En nuestro ejemplo pulsaremos en una zona sin notas en el compás 1 para seleccionarlo y elegiremos la opción **Insertar Compases...** o **Ctrl+Ins** marcando el número **2**.

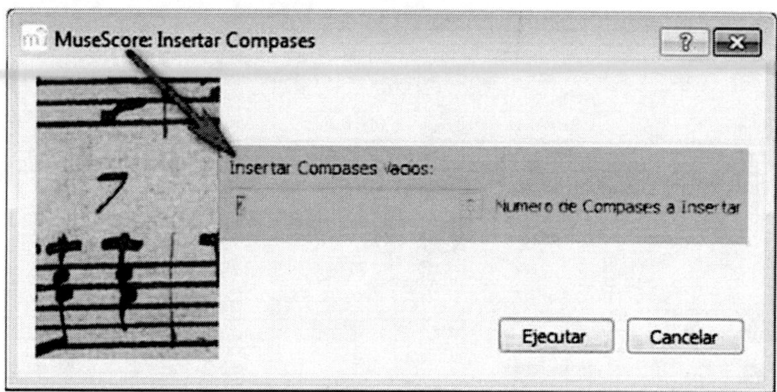

Y ahora ya tenemos nuestros compases para escribir la introducción.

31

2.7 Cambiar la clave de un pentagrama

En la partitura que queremos escribir las notas de la mano derecha del piano son muy graves por lo que facilita la lectura cambiar la clave Sol por la clave de Fa.

Para cambiar la clave tenemos que utilizar el panel **Paletas>Claves**. Este nos muestra gráficamente el conjunto de claves disponibles.

Pero ¿Cómo la añadimos a nuestro pentagrama? En MuseScore el sistema para editar objetos desde el panel es arrastrar y soltar sobre el lugar deseado o sobre el símbolo que queremos sustituir, como si fuesen pegatinas.

Así busco la clave de Fa, hago clic sobre ella y sin soltar la arrastro hasta estar sobre la clave de Sol. Hay dos opciones para soltarla:

1. Al colocarla sobre el compás aparece un sombreado marrón de selección del compás. Si lo suelto entonces la nueva clave se añadirá siempre al principio del compás.

2. Si la coloco bien sobre la clave original de Sol, esta se volverá de color rojo y la sustituirá. Del mismo modo si coloco la clave sobre una nota o silencio hasta que esta se vuelva roja nueva clave de Fa se colocará justo delante de esa nota o silencio que puede no estar necesariamente al principio del compás.

<u>Un ejemplo de cómo ponerla en otro punto del compás.</u>

La arrastro sobre la nota hasta que se vuelve roja

33

Al soltarla la clave aparece justo antes.

IMPORTANTE: *Recuerda este sistema de funcionamiento de los objetos del panel pues te servirá para todos ellos.*

2.8 Insertar acordes (Alt+nº)

Para insertar un acorde tenemos varios métodos:

1. Hacer clic con el ratón justo encima de una nota a la altura del nuevo sonido que queremos insertar.
2. Pulsar la combinación **Alt+nº** siendo el número el intervalo que forma con la nota inferior (la inmediata inferior no la más grave). Así si queremos introducir el acorde mi-sol-do escribimos primero el **mi** y luego pulsamos **Alt+3** y después **Alt+4** (de mi a sol hay una tercera y de sol a do una cuarta)

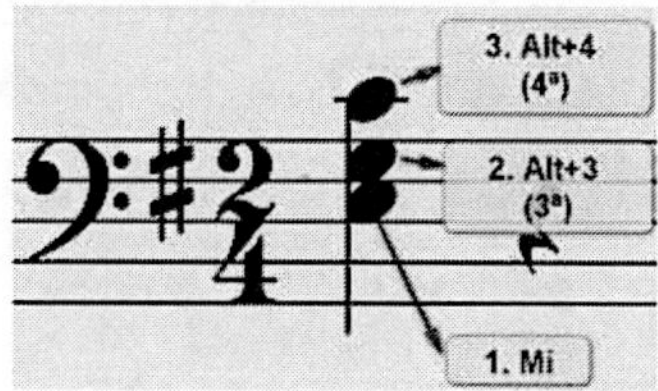

3. También podemos introducirlo a partir del nombre de las notas pulsando la combinación **May+'nombre de nota'** (por supuesto el nombre según el sistema inglés) Así para el acorde mi-sol-do escribimos primero **mi**, pulsamos **May+G** y después **May+C.**

2.9 Cambiar las barras de compás

Añadir una doble barra simple después de la introducción.

Si ya has leído el apartado Cambiar la clave de un pentagrama te resultará fácil comprender cómo cambiar el barrado de compás.

En este caso para marcar en la partitura el final de la introducción y comienzo de la melodía vamos a insertar después del segundo compás una doble barra simple.

De nuevo accedemos al panel **Paletas>Líneas de Compás** y elegimos la doble barra simple (no la de final) la arrastramos sobre el compás elegido (el 2) hasta que aparezca sombreado en marrón. La soltamos y veremos que se añade al final del compás.

2.10 Percusión en MuseScore

Trabajar con la escritura de partes de percusión no es lo más cómodo en MuseScore. Una alternativa puede ser editar la parte de percusión en un secuenciador y exportarla a MIDI. Después importarla en MuseScore para que la notación aparezca ya correctamente.

Las partes de percusión siguen un sistema de notación basado en alturas pero también cabezas de notas, así que no se editan de la misma manera que otros instrumentos. Sino utilizando el panel Percusión. **Para que este aparezca hay que crear un pentagrama de instrumento de percusión y seleccionar en ese pentagrama una nota o silencio.**

Bombo	Bombo acústico	Aro (de la caja)
Caja acústica	Caja eléctrica	Tom5
Hi-Hat cerrado	Tom4	Pedal de Charles
Tom3	Hi-Hat abierto	Tom2
Tom1	Crash1	Tom
Ride	China (plato)	Ride (campana)
Pandereta	Ride	Cencerro
Crash2	Ride	Conga aguda
Conga grave		

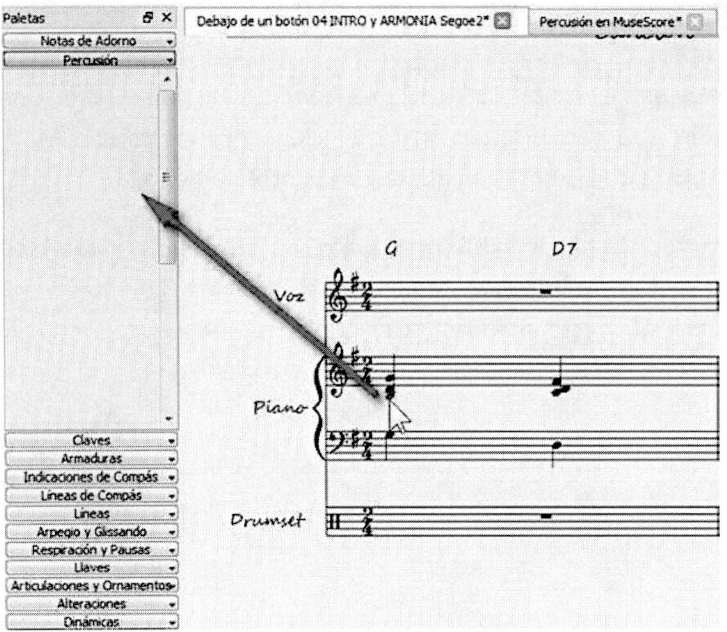

38

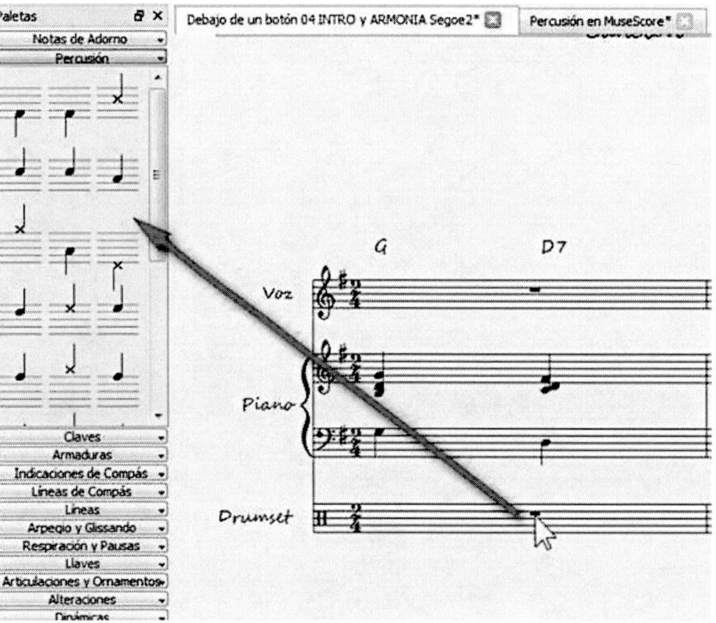

Al pulsar cada nota en el panel podemos escucharla y colocando el ratón sobre cada nota ver a qué sonido corresponde.

2.10.1 Edición manual de la parte de percusión: ratón

La forma manual de editar es ir **arrastrando cada nota desde el panel al pentagrama** de la misma manera que hacemos con los símbolos. Hay que <u>colocarla sobre una nota o silencio para que se escriba en el compás</u>.

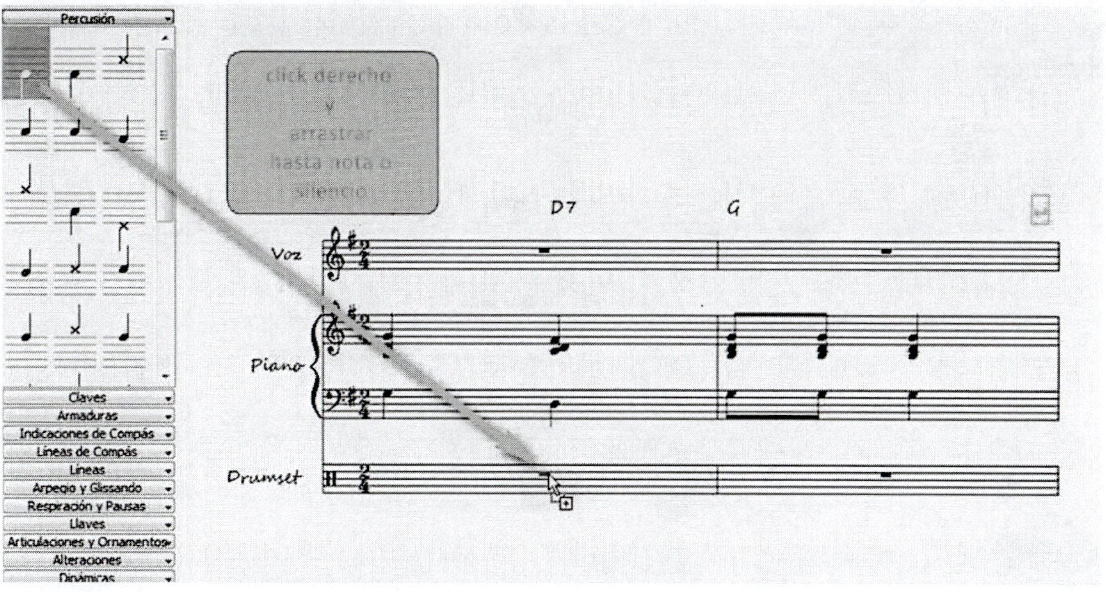

Si la parte de percusión está basada en patrones basta crear el primer compás seleccionarlo y copiar el patrón a los siguientes pulsando **R** repetidas veces.

2.10.2 Edición MIDI de la parte de percusión: teclado

Para simplificar el proceso de edición de la parte de percusión podemos introducir los sonidos mediante un teclado MIDI. Las notas del panel de percusión siguen el estándar MIDI en cuanto a sonidos. Si0 (Si-1 en el sistema americano) corresponde al Bombo, Do1 (Do0) al Bombo acústico, Do#1 (Do#0) al golpe en el aro de la caja, etc. Este es un cuadro con la correspondencia de sonidos MIDI con la percusión en MuseScore.

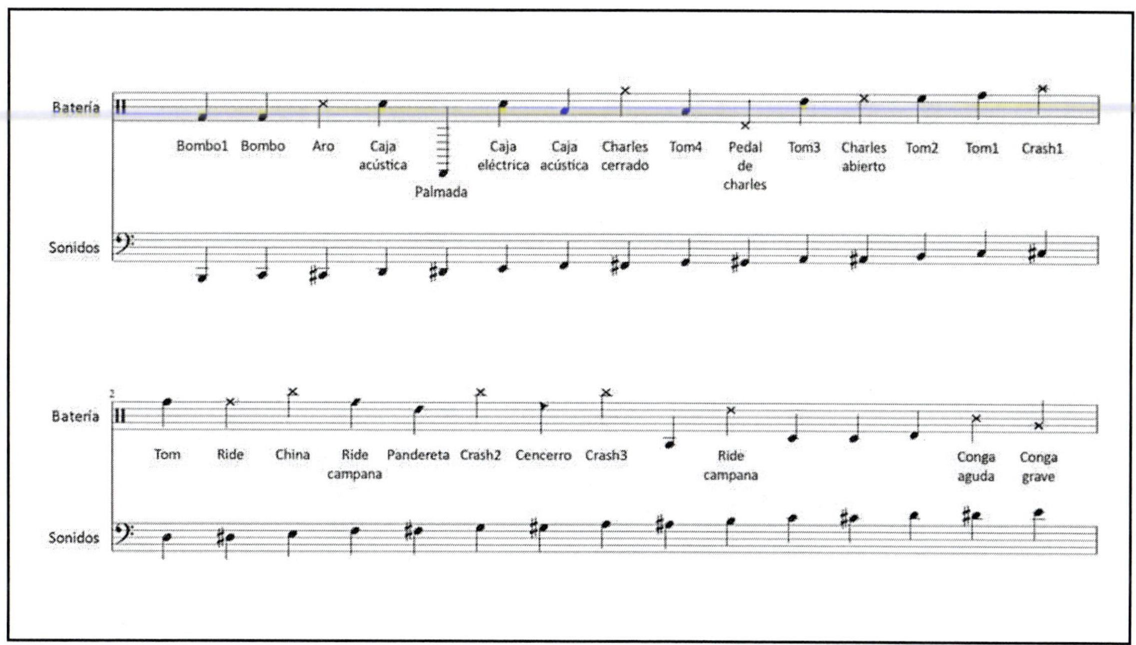

2.10.3 Editar el mapa de percusión

En MuseScore también podemos personalizar el mapa de percusión para hacerlo coincidir con otros estándares o simplemente que esté a nuestro gusto.

Para acceder a esta función seleccionamos un compás y haciendo clic derecho accedemos al menú contextual en el que elegimos **Propiedades del pentagrama** y seleccionamos **Editar percusión**.

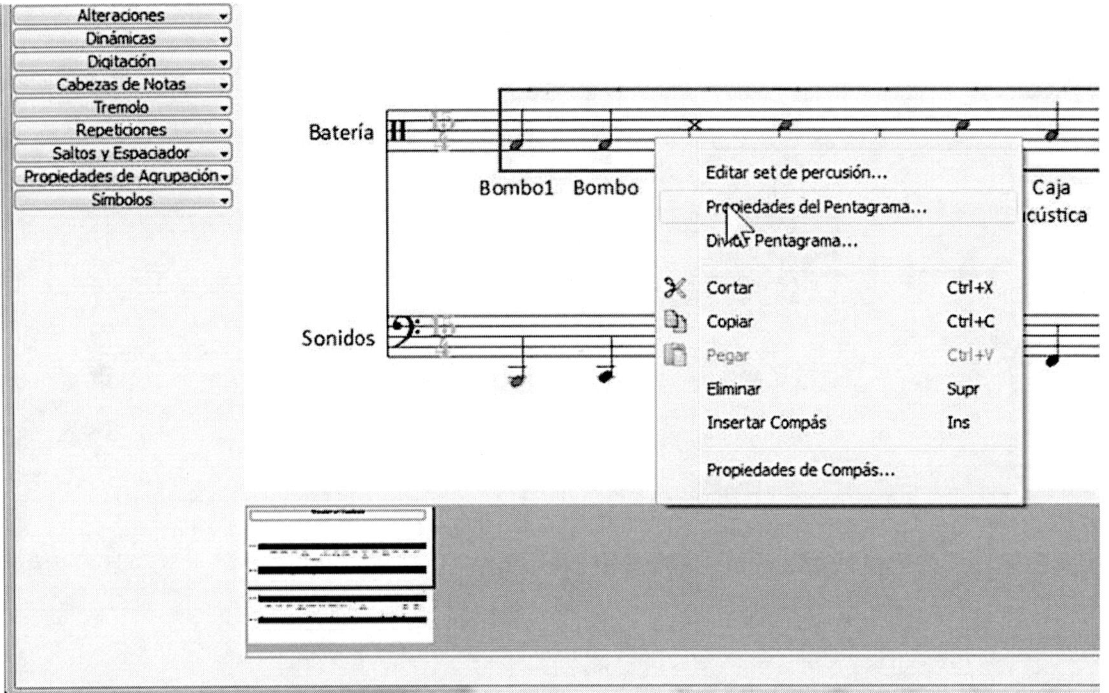

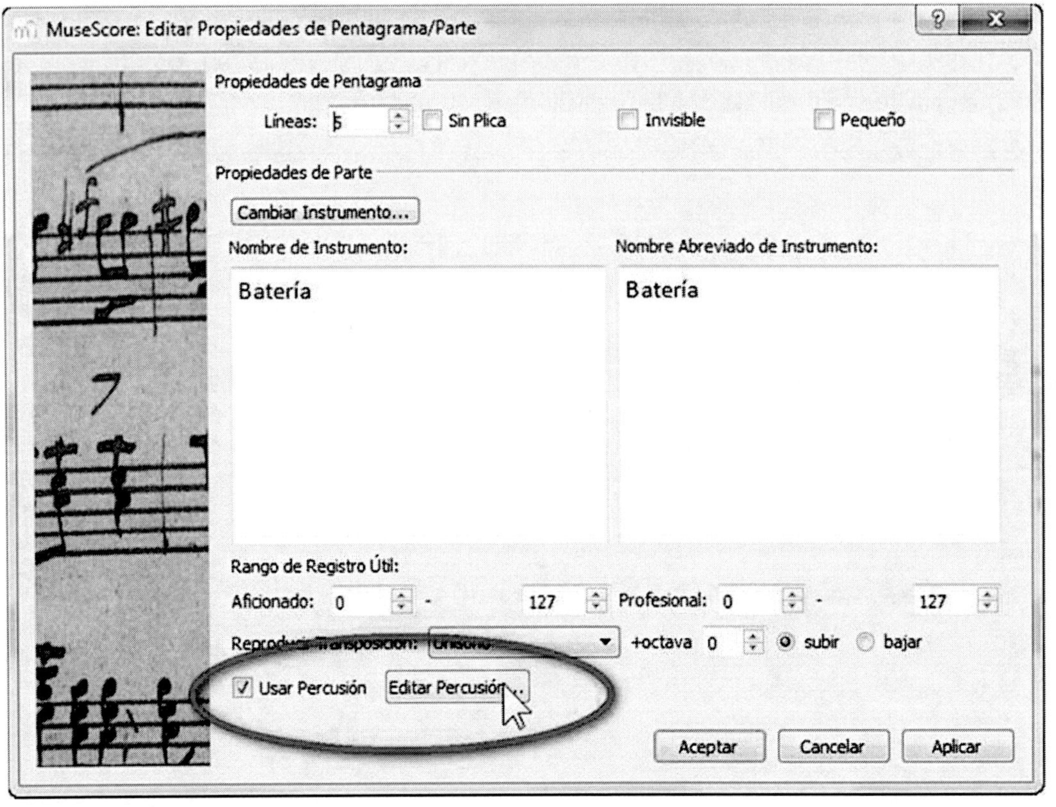

En el panel que aparece observamos una lista con el número de nota MIDI, la altura de nota, el atajo (si tiene asignado) y el nombre del sonido. En la parte derecha tenemos las opciones que podemos cambiar: nombre, cabeza, línea del pentagrama en la que aparece, dirección de la plica, voz preferida, y podemos definir el atajo si queremos.

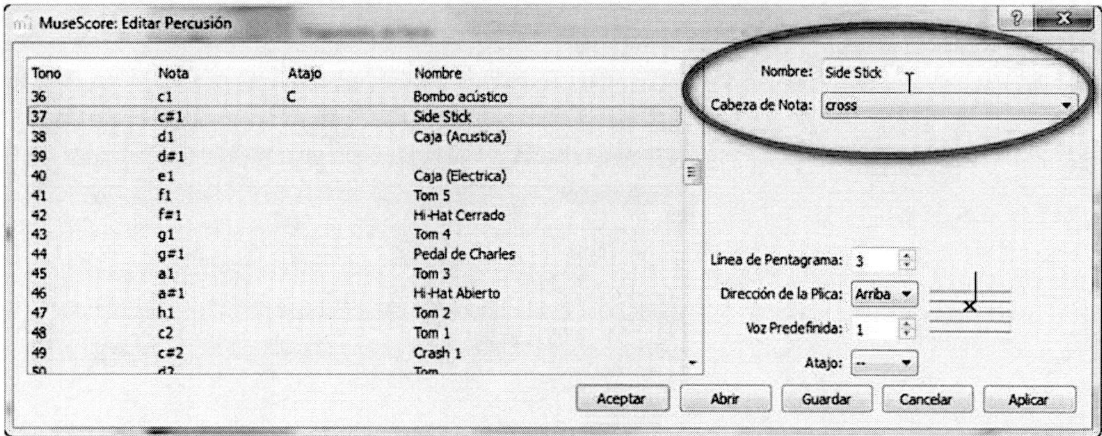

Si utilizamos la opción Guardar MuseScore crea un archivo con la configuración personalizada que podemos cargar en cualquier momento o en otro ordenador para no tener que repetir el proceso. **IMPORTANTE**: Antes de hacer ningún cambio guarda la configuración por defecto por si la quieres recuperar.

41

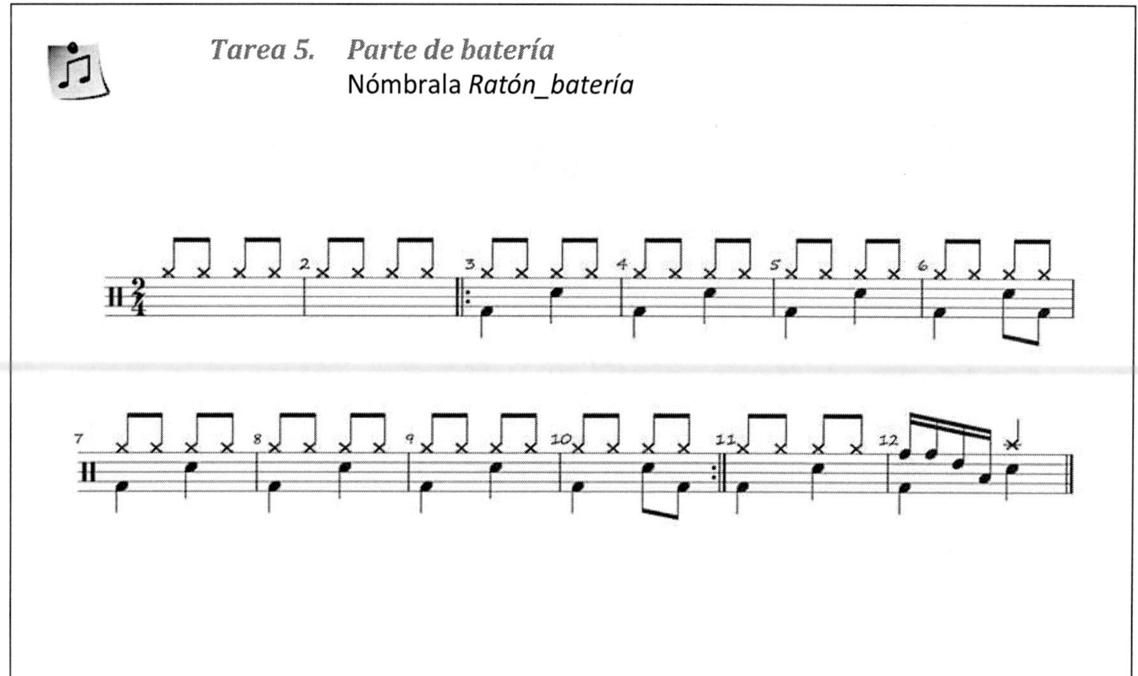

Recuerda que cada sonido tiene su lugar en el pentagrama de percusión y su cabeza. Siempre tendrás que editarlas con cabezas de notas de percusión.

2.11 Transportar un fragmento

Para seleccionar ambos compases **mantengo pulsada la tecla May** pulsando después **también el botón izquierdo del ratón y arrastrando para "coger" esos compases**. Verás un rectángulo azul y las notas coloreadas igual.

Ahora accedemos al menú **Notas>Transportar…**

y nos aparece el panel con las opciones de transporte.

En este caso no queremos transportar la pieza, ni cambiar su tonalidad, sino transportar unas pocas notas un intervalo. Por tanto marcaremos: **Transportar el intervalo>ascendente>Quinta justa** y en **Opciones** <u>desactivamos</u> **Transportar las Armaduras**.

42

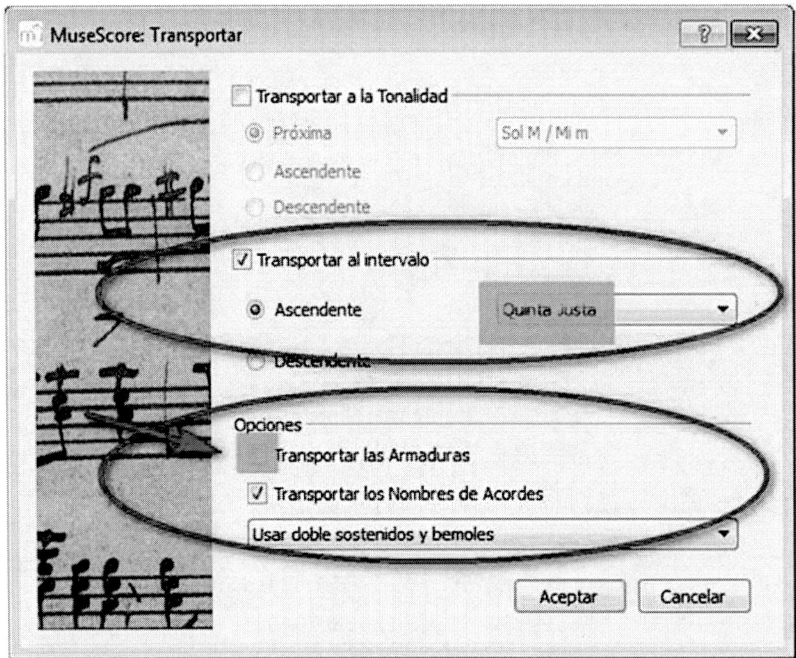

Ahora las notas de la mano derecha del piano están demasiado altas para la clave de Fa así que podemos volver a cambiar la clave a Sol. (Revisa este apartado)

Tarea 6.   Transportar fragmentos y escuchar la reproducción

2.12 Añadir y borrar instrumentos

Una vez tenemos creada nuestra partitura con nuestro acompañamiento podemos querer transformarla en un pequeño arreglo para otros instrumentos. En MuseScore podemos crear nuevos instrumentos en nuestra partitura o borrar los que ya tenemos para crear nuevas ediciones y arreglos de la partitura original (**CONSEJO:** guarda siempre una **copia de seguridad** o utiliza **Guardar cómo** para renombrar el archivo y no perder la versión anterior. Las partituras ocupan muy poco espacio en el disco duro)

Para acceder al panel donde gestionar los instrumentos iremos a **Crear>Instrumentos** o el atajo de teclado **I**

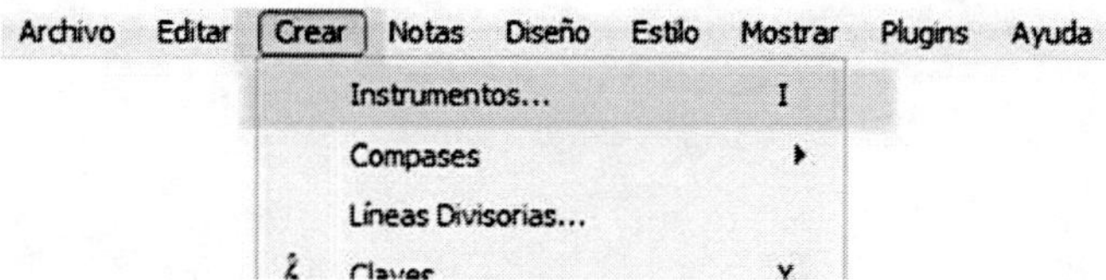

En el panel aparecen 3 zonas:

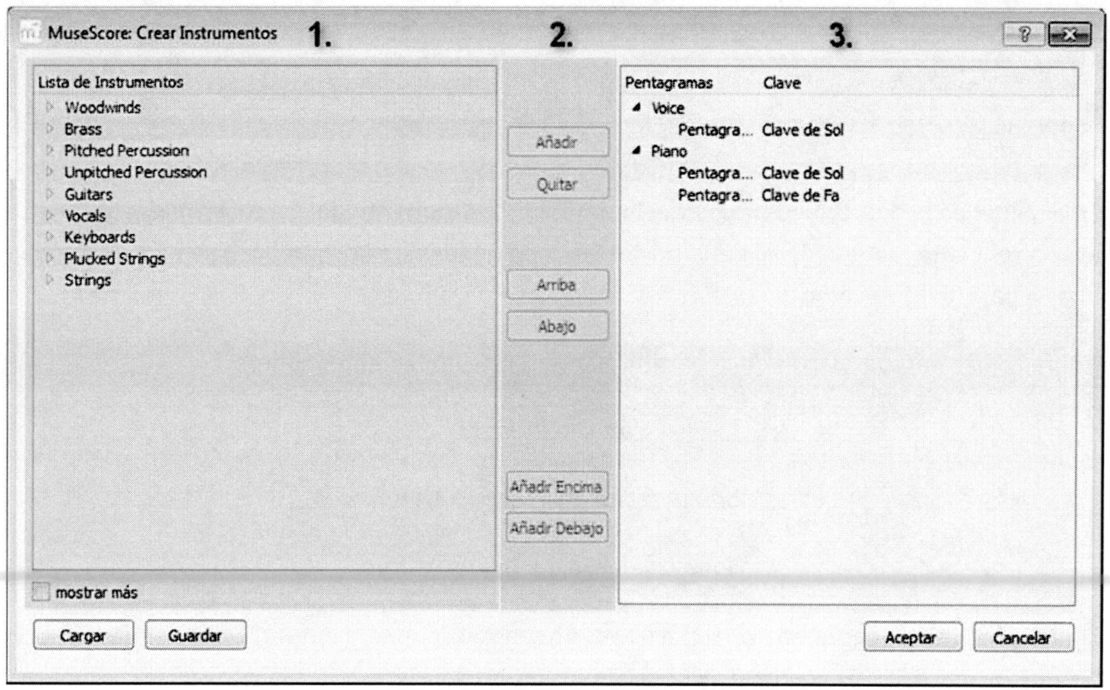

1. Listado con la base de datos de instrumentos (lamentablemente este apartado no está en castellano por cuestiones técnicas de programación) Pulsando sobre las flechitas de la izquierda se despliega el listado de instrumentos.
2. Una vez seleccionado nuestro instrumento en la parte central accedemos a la opción de **Añadir**, o seleccionando en el **panel 3** quitar o mover su orden en la partitura. También podemos añadir un pentagrama extra arriba o abajo usando la opción Añadir Encima/Debajo.
3. Aparece el listado de instrumentos utilizados en la partitura que podemos Quitar o mover usando los botones del panel central.

43

Vamos a añadir un bajo (Guitars>Bass guitar), una guitarra (Guitars>Guitar) y un clarinete (Woodwind>Bb Clarinet) para trabajar con instrumentos transpositores. NO BORRES NADA TODAVÍA, utilizaremos las notas escritas para hacer el arreglo y luego borraremos los instrumentos actuales.

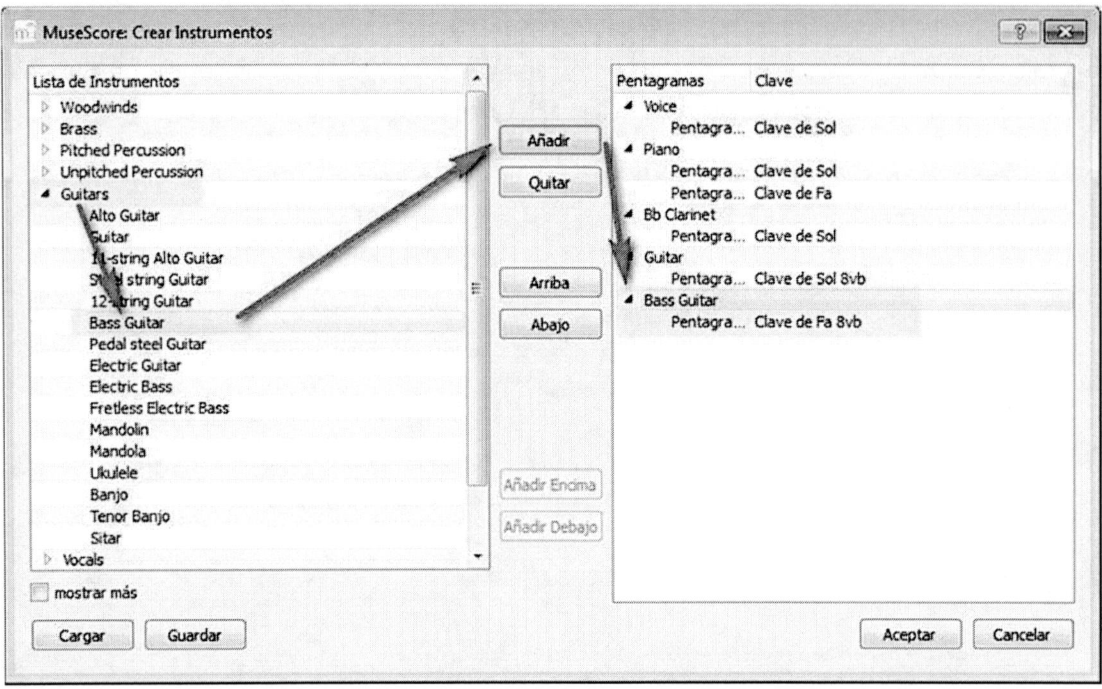

44

En el panel de la derecha nos muestra el nombre de instrumento, los pentagramas a los que se asocia (el piano, por ejemplo, tiene dos) y las propiedades de la clave: guitarra y bajo suenan una 8ª baja (8vb) de cómo están escritos.

Ahora copiaremos las partes de la partitura anterior de la siguiente manera:

Voz → ***Clarinete***

Mano derecha del piano → ***Guitarra***

Mano izquierda del piano → ***Bajo***.

Una vez copiado guardamos el archivo con otro nombre, por ejemplo, ***Debajo de un botón Arreglo.mscz.*** Después volvemos a **Crear>Instrumentos** y eliminamos la voz y el piano. De esta manera podemos tener un arreglo rápido para otros instrumentos a partir de la canción original.

> **Tarea 7.   *Copia el contenido las partes en un documento nuevo.***
> *Ratón_melodía*, *Ratón_piano* y *Ratón_batería* en el archivo
> Debajo de un botón Arreglo.

2.13 Indicación de tempo

Para indicar el tempo y, además, ajustar la velocidad de reproducción introduciremos el texto Allegretto y ajustaremos la velocidad a 110.

Seleccionamos la **nota o silencio** en el que queremos insertar el tempo (en este caso el primer silencio o primera nota del primer compás) y pulsamos en **Crear>Texto>Tempo…** o el atajo **Ctrl+Alt+T**

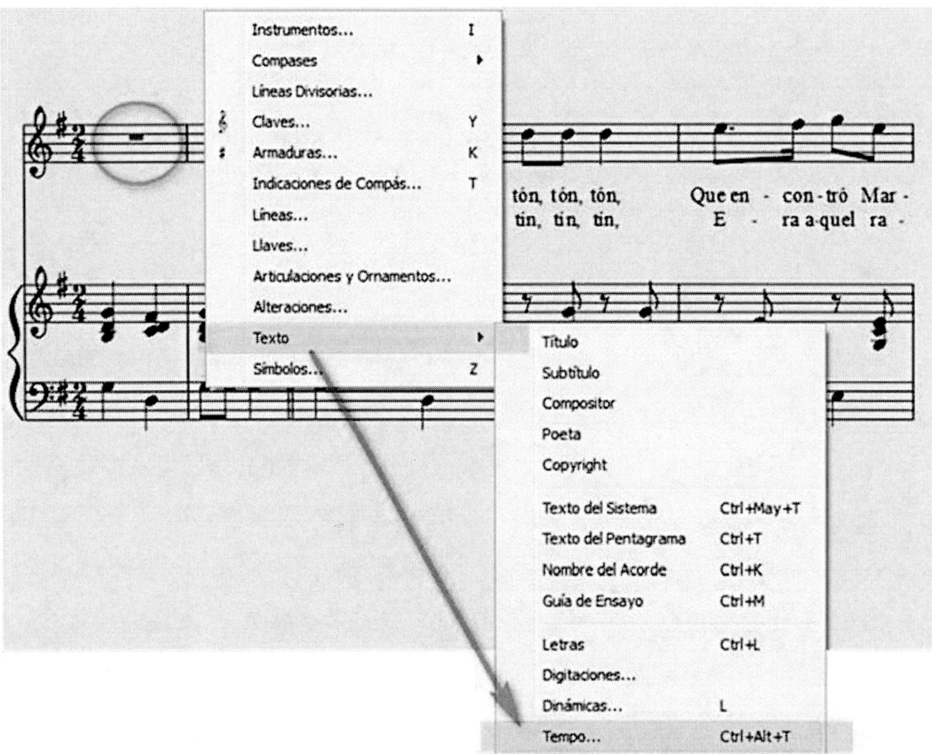

En el panel elijo **Allegretto** y cambio la velocidad de metrónomo (BPM) a 110

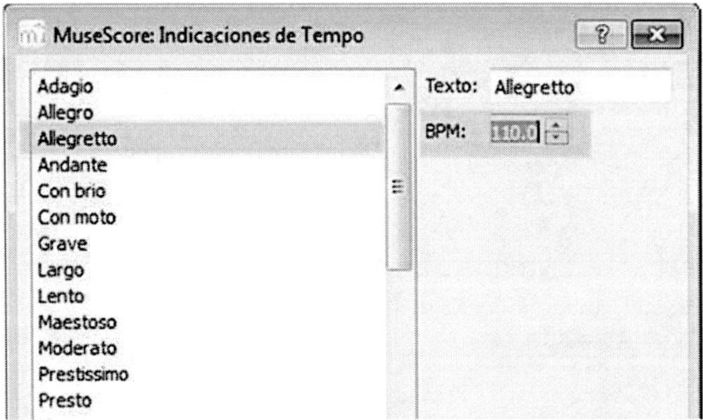

Esta indicación aparecerá sobre el primer compás y la velocidad de interpretación será la que le hemos indicado.

2.14 Título, compositor, letrista

Si no hemos añadido estos datos al iniciar la partitura podremos hacerlo después. Seleccionamos el primer compás y en una zona vacía de la partitura hacemos **clic derecho** En el menú emergente de **Crear** vamos a **Texto>Título** y aparecerá un cuadro de texto con un cursor azul en el que podemos escribir de la misma manera añadiremos subtítulo, el compositor y el letrista si es necesario.

MuseScore posicionará cada elemento de texto donde suele añadirse por defecto: Título y subtítulo en el centro, Compositor a la derecha y Letrista a la izquierda.

Tarea 8. **Añade al título, subtítulo, letrista, compositor y tempo.** En el próximo apartado aprenderás a formatear de manera personalizada el texto como en el ejemplo.

2.15 Cambiar estilos de texto

Lo mejor es hacerlo antes de editar el texto en la partitura o exportando una plantilla para tenerlo configurado desde el principio.

IMPORTANTE: *MuseScore es un poco inestable cuando se trabaja con cambios de texto. Es recomendable preparar antes los cambios de fuente Estilo>Editar el Estilo del Texto o dejar estos cambios para el final. Una vez terminada la edición de notas hacer una copia de seguridad y renombrar el archivo para que, en caso de que la edición del estilo de texto nos dé problemas, no perdamos el trabajo original.*

Aun así se puede cambiar y hay varios caminos para hacerlo.

1. El más sencillo es hacer clic con el botón derecho sobre el texto. Se despliega un menú y elegimos **Propiedades del Texto**

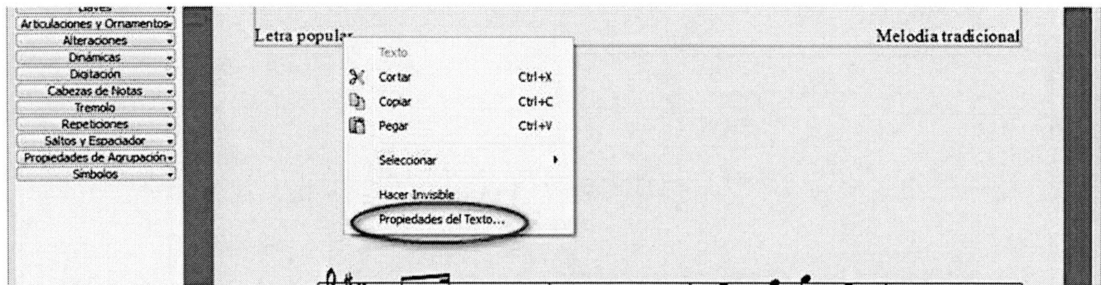

Desplegamos Fuente y elegimos el tipo de fuente deseado. En esa misma pantalla podemos cambiar el tamaño del texto, el color, la alineación....

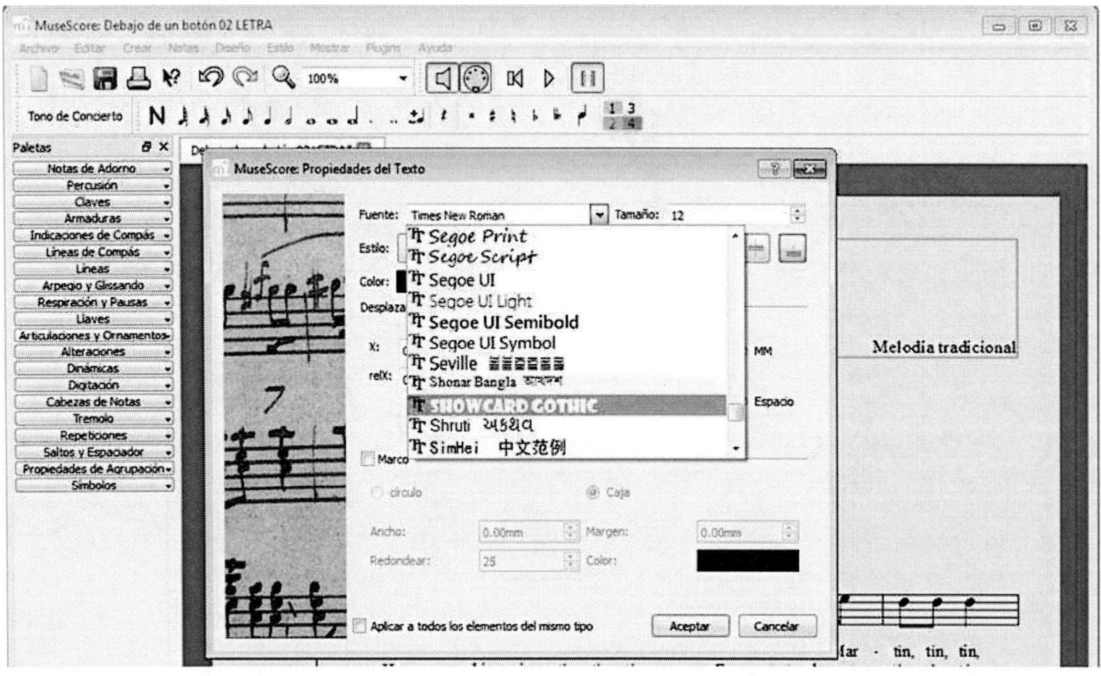

Si queremos cambiar todos los objetos de ese estilo de texto marcaremos en la parte inferior del panel ☑ **Aplicar a todos los elementos del mismo tipo** . MuseScore solo cambia un objeto si el estilo es definido después de crear el texto, salvo que marquemos esta opción.

2. Del mismo modo haciendo doble clic sobre un objeto de texto se abrirá para la edición. En la parte inferior de la pantalla de MuseScore aparece un panel con las propiedades de texto.

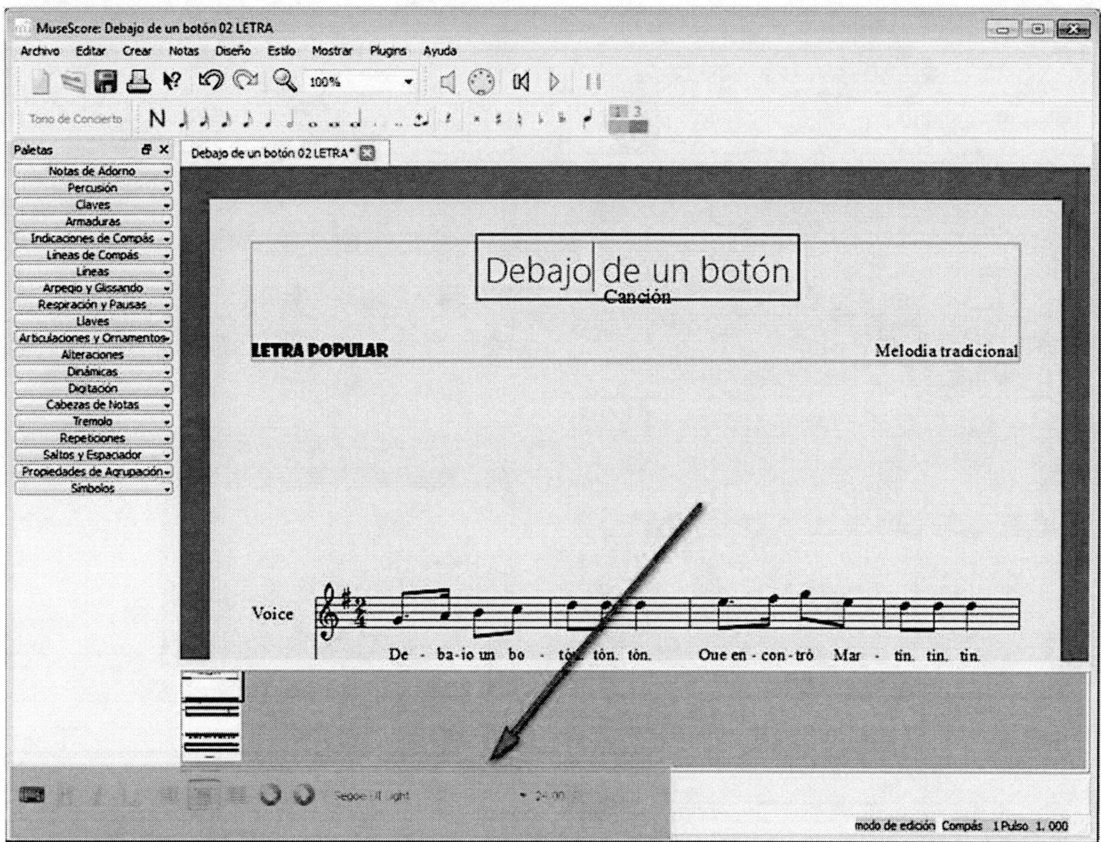

De esta manera podemos aplicar diferentes propiedades (tamaño, negrita, fuente) a cada palabra o letra. Nuestro texto original podría quedar así:

La utilidad de esto es poder dar un aspecto personalizado a la partitura o incluir texto de tipo analítico a las partituras.

Tarea 9.   *Personaliza la partitura a tu gusto con las fuentes que elijas*
En el ejemplo de arreglo hemos utilizado la fuente Segoe.

2.16 Formato final de la partitura de ejemplo

Una de las ventajas de trabajar con formatos informáticos es la posibilidad de relaborar las partituras y darles diferentes aspectos. Además podemos añadir o quitar instrumentos, insertar gráficos, utilizarlas como ejemplos en documentos de texto,…

Esta podría ser una forma típica y sencilla de presentar la partitura. Podemos ver las marcas de formato y los marcos que nos ayudan a dar el aspecto a las páginas.

Sin embargo en nuestro formato final vamos a elegir cambiar la página a apaisada, quitar los marcos, ajustar el espaciado con un Espaciador del pentagrama y varios objetos gráficos.

Una vez formateada la partitura podemos generar a partir de ella un documento PDF.

Imagen: Isabel Da Silva Azevedo (http://es.123rf.com/profile_isaxar)

Marco: Álvaro J. Buitrago

C   G   D7   G   C   D7   G
Ha - bía un ra - tón, tón, tón,   Hay   que chi - qui - tín, tín, tín.
Que en - con-tró Mar - tín, tín, tín,   De - ba-jo un bo - tón, tón, tón.

3 OTRAS PARTITURAS DE CONTENIDO PEDAGÓGICO

3.1 Insertar imágenes y gráficos

Como complemento al formato de la partitura puede ser interesante agregar archivos de imagen. Para hacerlo simplemente tendremos que tener nuestro archivo de imagen en una carpeta del ordenador y arrastrarlo desde el explorador sobre nuestra partitura. Hacemos clic y sin levantar el dedo arrastramos el archivo sobre nuestra partitura y soltamos allí.

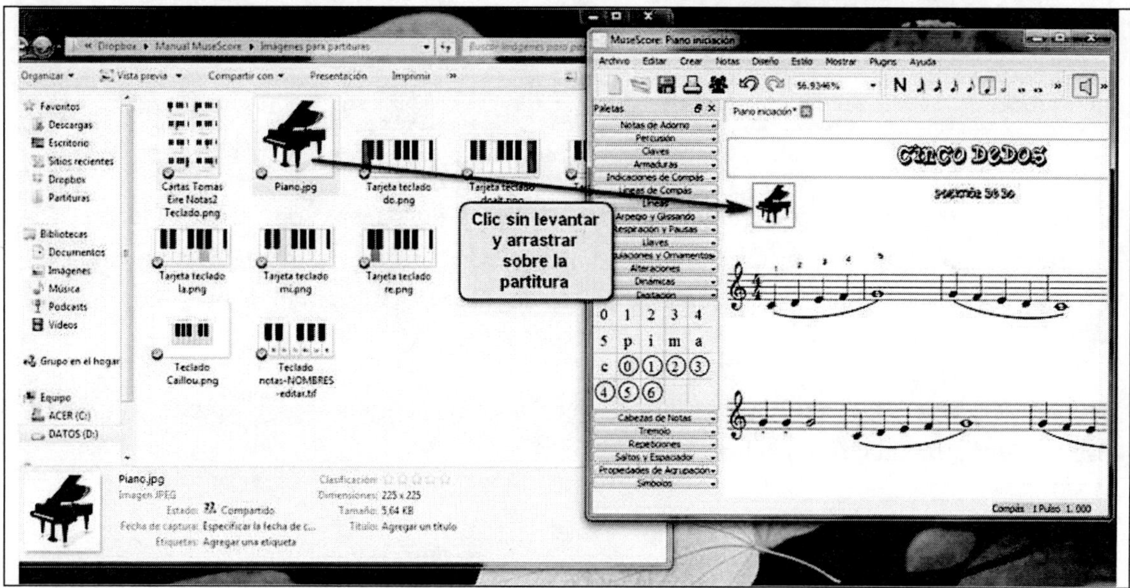

Si hacemos ahora doble clic sobre la imagen añadida en MuseScore veremos dos asas de arrastre para cambiar el tamaño. Por defecto el aspecto de la imagen está bloqueado, esto quiere decir que al tirar de un asa el tamaño global cambia sin deformarse. Si queremos cambiar esta propiedad tendremos que hacer **clic derecho** sobre la imagen, elegir **Propiedades de imagen…>Bloquear proporción de aspecto.** Si lo desactivamos la imagen solo crecerá o decrecerá en la dimensión del asa del que tiremos. Aunque esto no suele ser recomendable para imágenes si puede serlo para gráficos que complementen la notación de la partitura.

En la segunda parte del libro veremos la utilidad de las imágenes para ampliar las capacidades de notación de MuseScore en el terreno didáctico y también en música contemporánea.

En las siguientes páginas puedes ver algunos ejemplos de páginas que usan gráficos para generar contenidos pedagógicos. De cara a hacer el formato más interesante y personal es importante familiarizarse con las fuentes y el uso de marcos. En los marcos podemos insertar textos y formatearlo.

También puede resultar interesante <u>cambiar el tamaño del pentagrama</u> en **Diseño>Configuración de la página.**

En la segunda parte del libro aprenderemos a usar filtros de selección y selección múltiple para cambiar el formato de texto de todos los objetos de la página a la vez.

Para alinear los gráficos podemos crear líneas que nos sirvan de guía y luego ocultarlas o borrarlas.

Si en algún momento queremos recuperar la posición por defecto de un objeto o texto de la partitura lo seleccionamos y **Diseño>Restablecer** posiciones o **Ctrl+R**

IMPORTANTE: Si usas imágenes en tus partituras que no son originales recuerda siempre que hay derechos debes citar el autor, atribución, la fuente y los derechos que tienen dichas imágenes. No todas las imágenes que puedes encontrar en internet pueden usarse libremente. Existen páginas de distribución de imágenes como <u>www.123rf.com</u> que permiten la descarga de imágenes bajo demanda mediante un sistema de créditos. Es una buena forma de conseguir imágenes de calidad sin vulnerar derechos de autor.

54

Tarea 10. Partitura personalizada 1 con gráficos y fuentes

Tarea 11. Partitura personalizada 2 con gráficos y fuentes

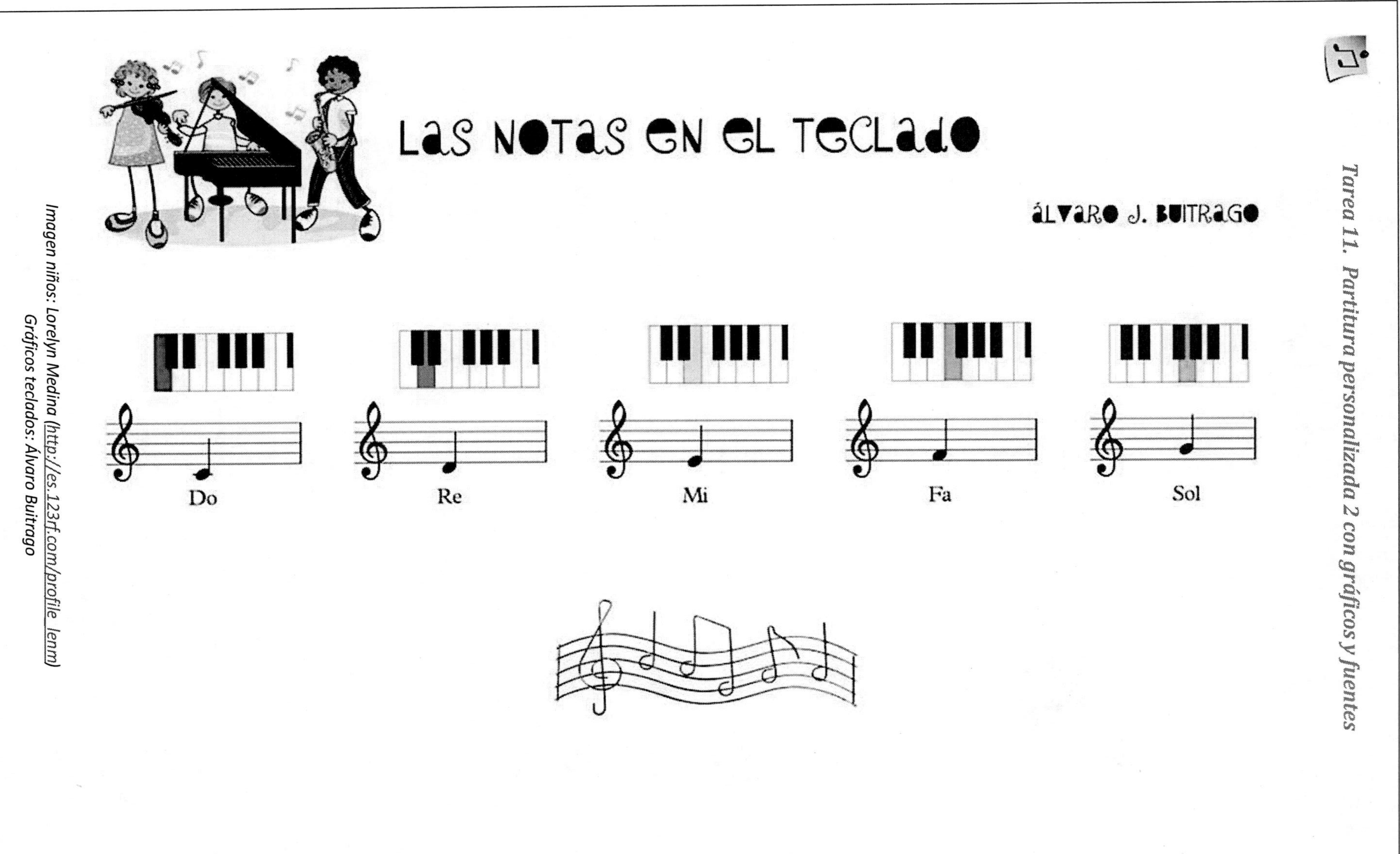

Imagen niños: Lorelyn Medina (http://es.123rf.com/profile_lenm)
Gráficos teclados: Álvaro Buitrago

Estudia las posiciones de las notas de la escala de Do en la flauta.

Recuerda:
- Soplar de manera continua y sin forzar
- Presionar completamente para tapar el agujero
- Colocar la flauta en buena posición.

57

Debajo de un botón

3.2   Trabajar con partes o particellas en MuseScore

Cuando se trabaja con partituras para conjunto de cámara u orquesta es necesario extraer después las partes (*particellas*) para cada instrumentista. Los editores de partituras tienen una función para obtener estas de modo automático. En algunos casos se pueden editar las partes de manera que los cambios se añadan a la partitura general, pero esta función no está aún disponible en MuseScore.

Vamos a ver el proceso para obtener las partes.

El primer paso es abrir el panel de edición de partes en **Archivo>Partes**

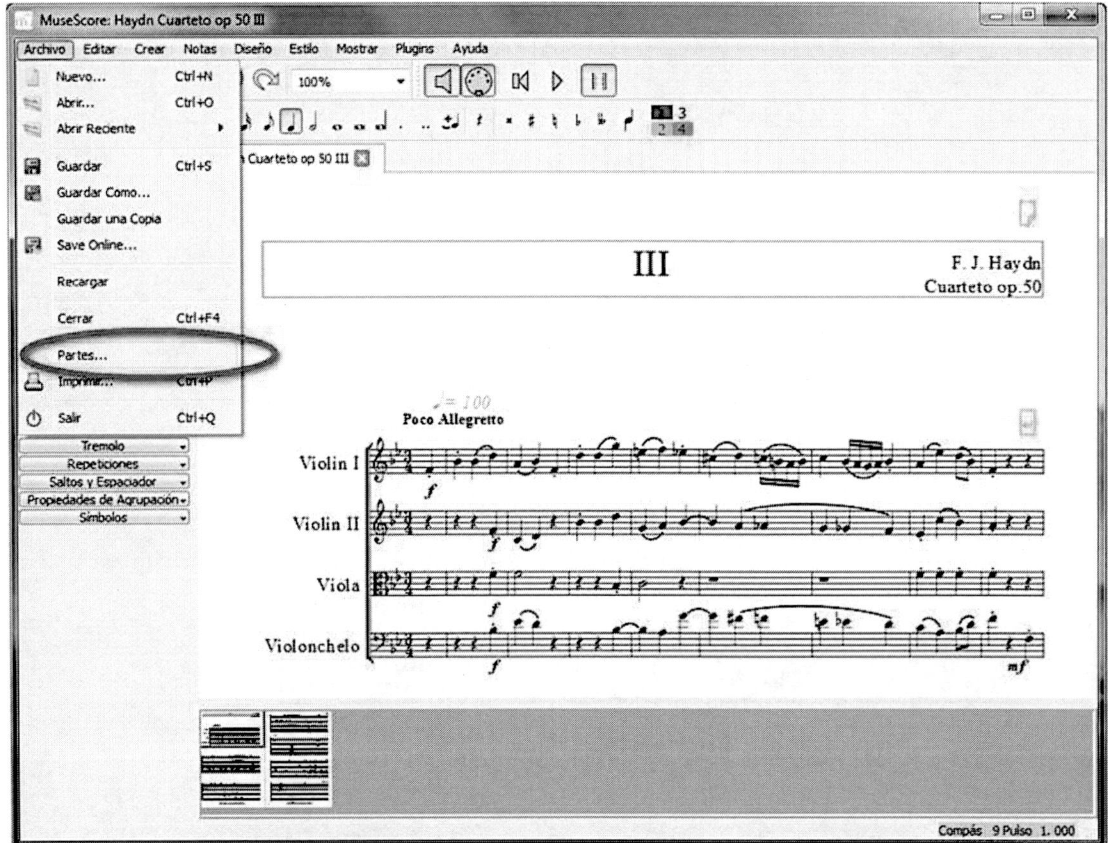

58

En otros programas las partes de cada instrumento se crean automáticamente, pero en MuseScore hay que hacerlo a mano.

Pulsamos en **Nuevo** y se habilita para editar la parte derecha del panel. En nuestro caso cada instrumento tiene una parte así que debemos ir creando 4. Lo que hace MuseScore es crear 4 nuevos archivos internos que contienen solo los instrumentos seleccionados para cada parte. Completamos el nombre de archivo (con el que lo vamos a poder identificar (es importante que puedas identificar tanto la obra como el instrumento al que está destinado) y seleccionamos la casilla del instrumento deseado para después pulsar en **Crear Parte**. Repitiendo el proceso creamos las partes necesarias para nuestra partitura general.

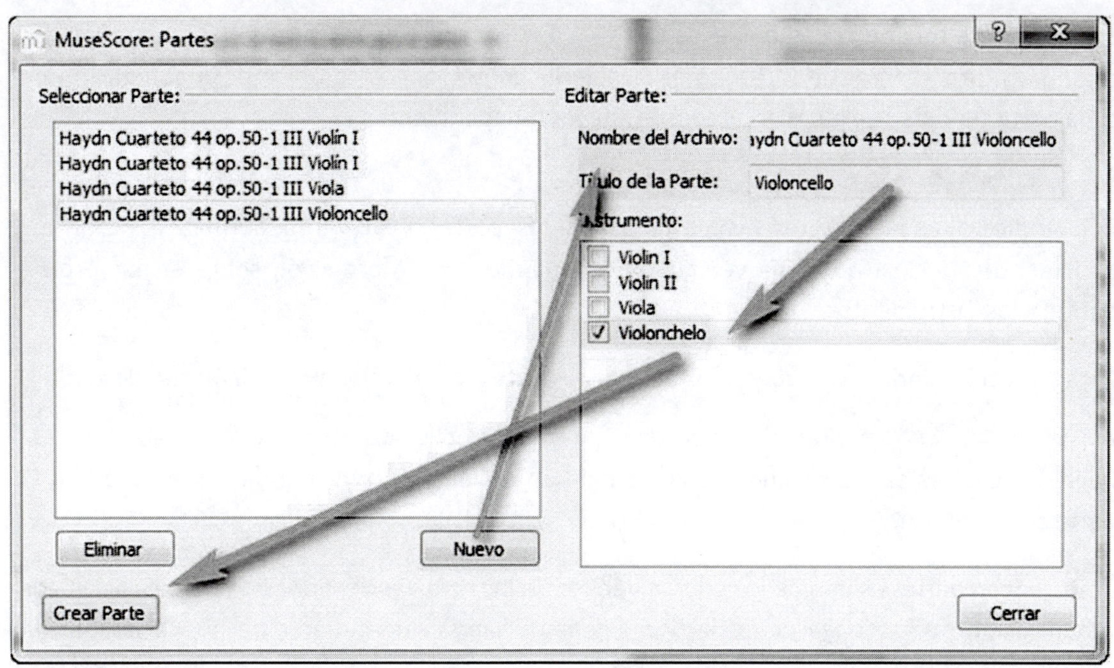

Finalmente, cuando tengamos todas las partes necesarias, pulsamos en  y veremos que en la pantalla principal de MuseScore tenemos nuevas pestañas correspondiendo cada una de ellas a las partes creadas.

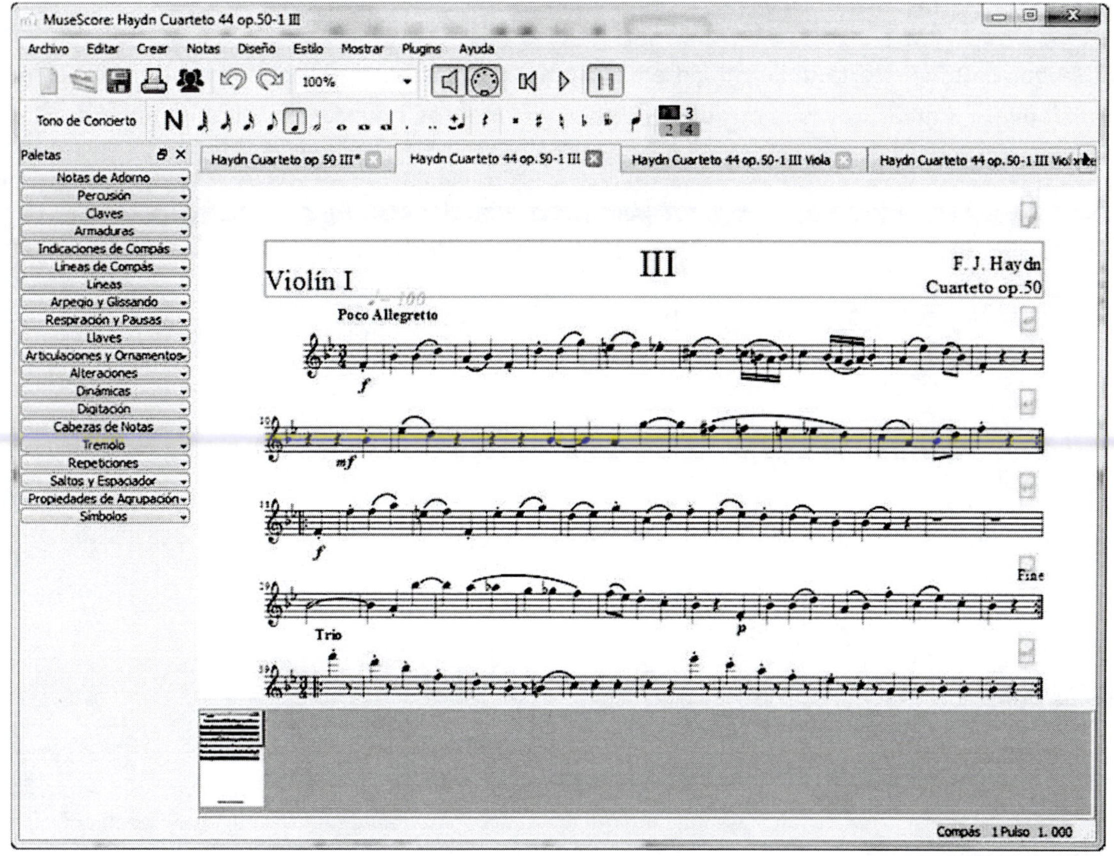

Es importante tener en cuenta que los cambios que hagamos en las partes no serán reflejados en la partitura general de MuseScore. Si quieres conservar los cambios de maquetación en cada parte tendrás que guardarlos como archivos independientes.

3.2.1 Volver a abrir las partes de un documento

Por supuesto puedes cerrar las pestañas de las partes y volver a abrirlas a partir del documento principal que, una vez guardado, mantiene la información sobre el número de partes y los instrumentos.

Para volver a abrirlas recuperamos el panel **Partes** y seleccionamos la parte deseada y pulsamos Crear Parte . También funciona hacer **doble clic** sobre cada parte. Cada vez que hagamos esto se abrirá de nuevo una pestaña en la ventana principal de MuseScore con la parte seleccionada.

Trabajar con partes es uno de los puntos débiles de las actuales versiones de MuseScore. Cada modificación que se haga en la partitura general habría que generar de nuevo las partes, formatearlas y guardarlas. En editores comerciales las partes están asociadas completamente a la partitura general de modo que cualquier cambio en el guion se traslada instantáneamente a la parte y cualquier cambio en la parte se refleja en la partitura general.

MuseScore formateará la parte según esté el guion así que puede ser un buen consejo cambiar el tamaño de los pentagramas del guion en **Diseño>Configuración de la página…** antes de generar las partes.

Si se quiere tener cierta uniformidad en el formato de las partes se puede utilizar el plugin **Break every X measures**, o la opción **Mostrar>Documentos Adyacentes**, para ir configurando los saltos de línea de manera similar en todas las partes.

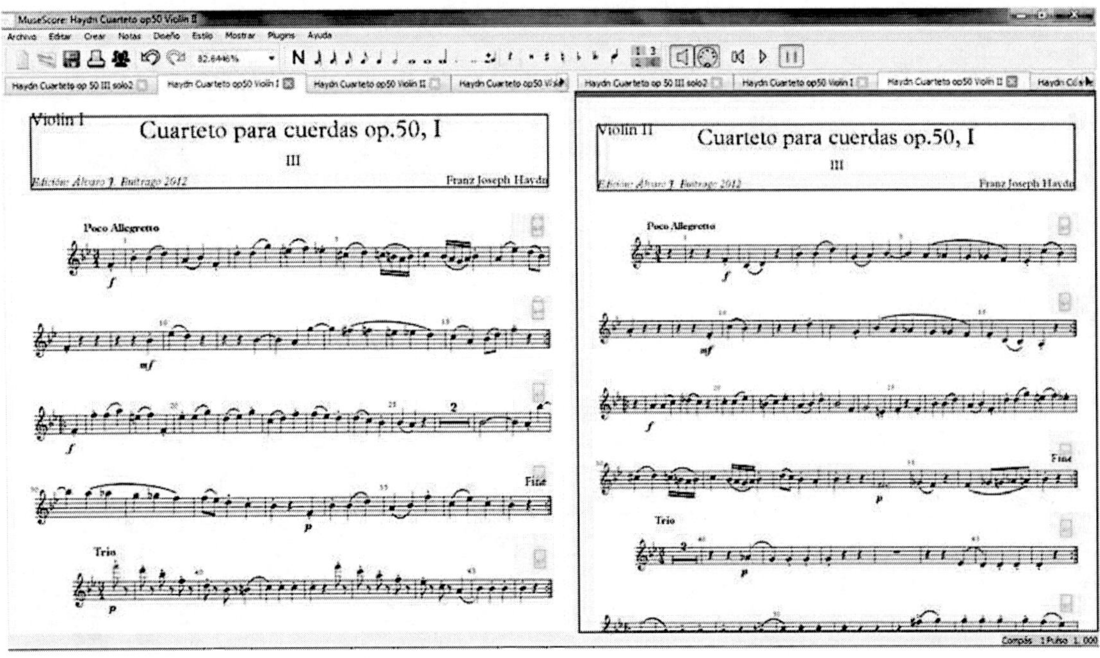

60

Tarea 13. Cuarteto de cuerda Haydn y extraer partes

Crea el espaciado de cambio de sección con los cuadros horizontales y verticales.

61

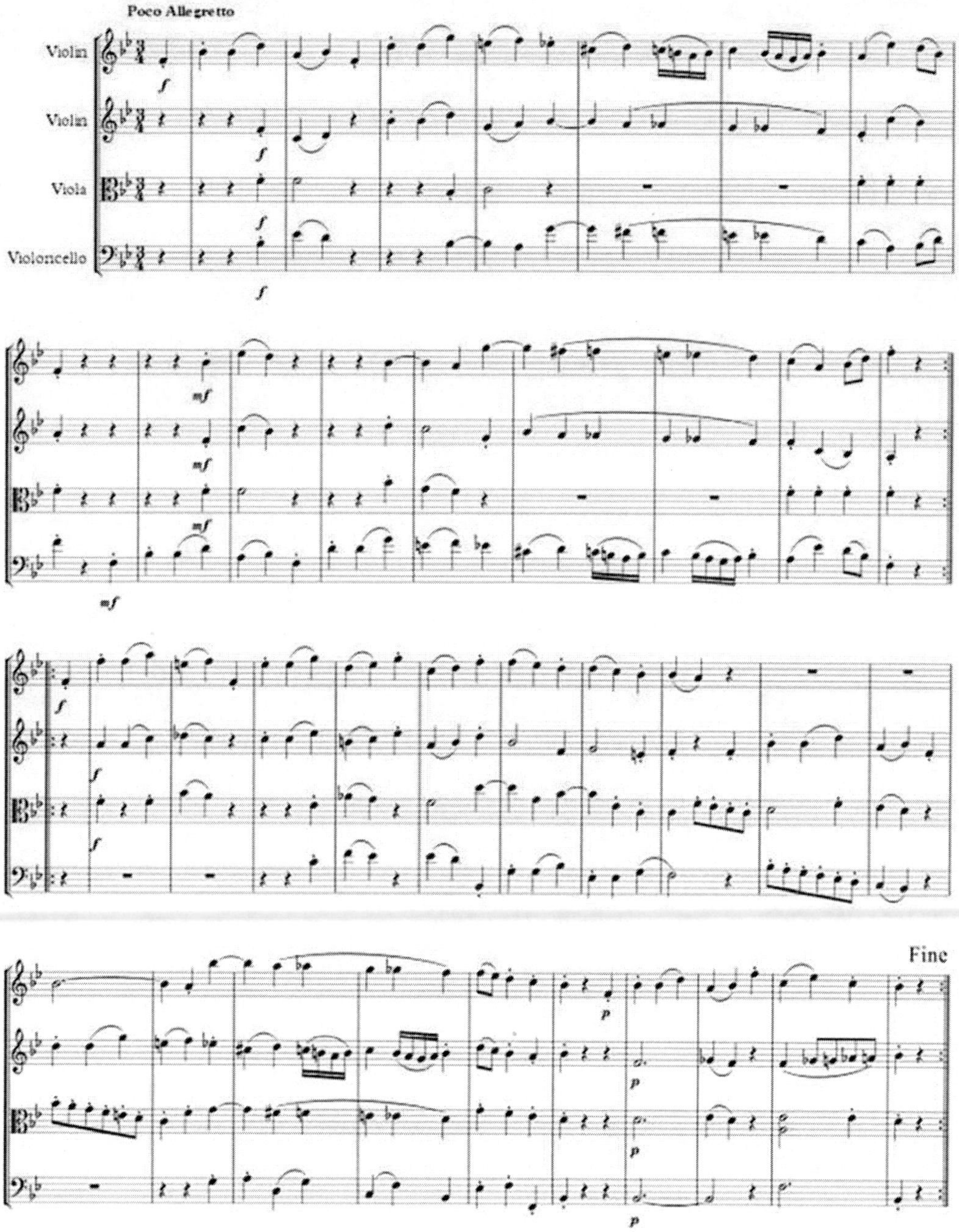

62

Tarea 14. Extrae y formatear partes de un cuarteto de cuerdas

4   CREAR O MODIFICAR UNA PARTITURA SIN EL ASISTENTE.

4.1   Indicación de compás (T)

Cuando queremos añadir o modificar la indicación de compás en una partitura o fragmento podemos utilizar la paleta Indicaciones de compás o el atajo **T**. Con el atajo podemos crear nuevas indicaciones de compás personalizadas.

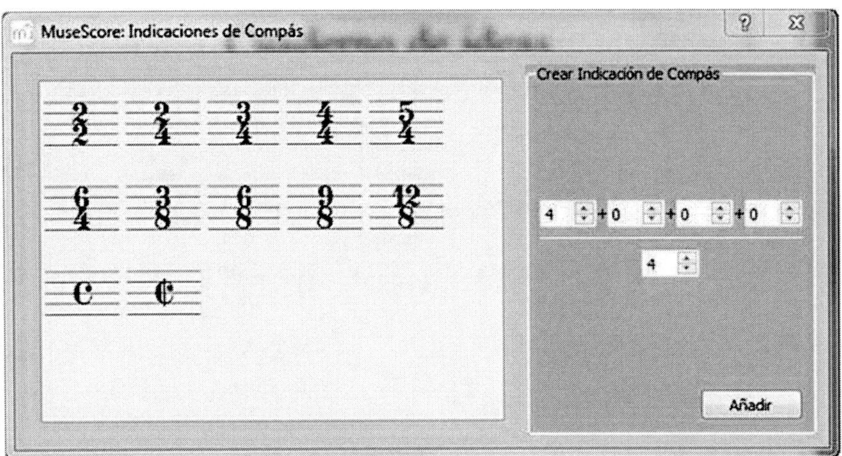

Sea una indicación de las incluidas por defecto u otra creada por nosotros basta arrastrarla hasta el compás necesario para insertarla en la partitura.

64

4.2   Anacrusa

En MuseScore las anacrusas se crean como propiedades del compás. Si bien otros editores permiten definir la anacrusa en la indicación de compás, en nuestro editor tendremos que hacerlo posteriormente definiendo en Propiedades del compás la indicación de duración aparente y la real. Para acceder pulsamos en una zona vacía del compás para ver el rectángulo azul y luego clic derecho y Propiedades del Compás.

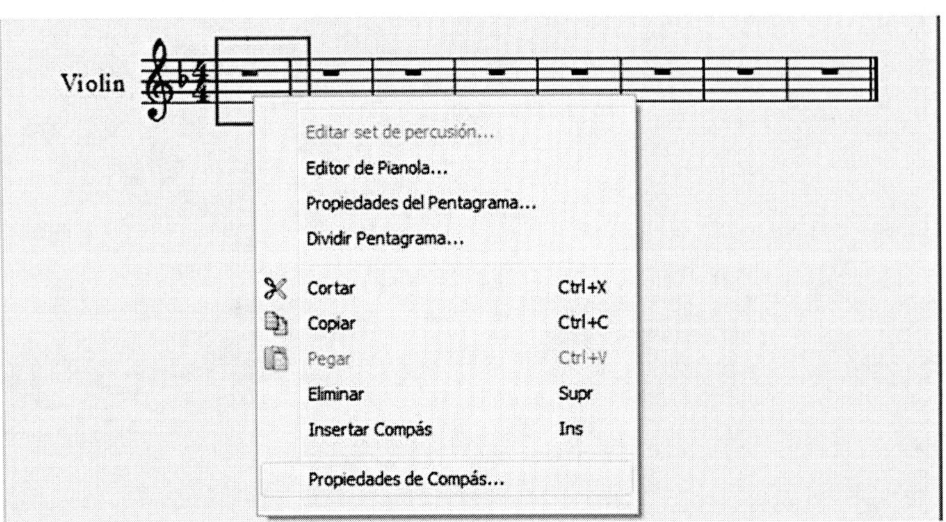

Nos aparece este panel:

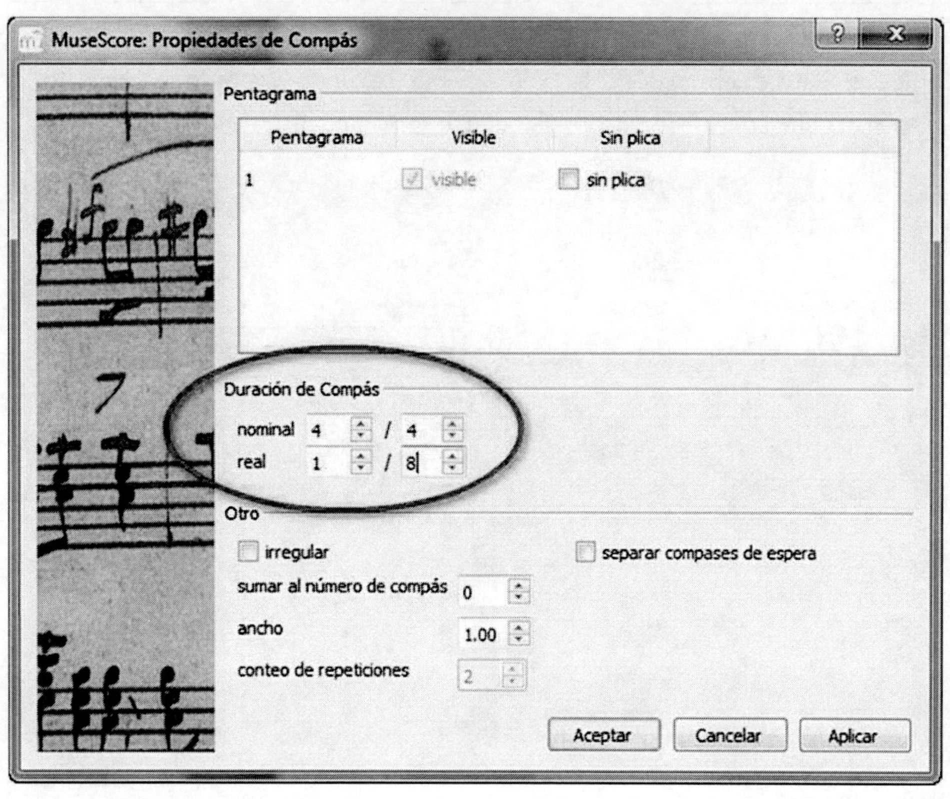

En nuestro ejemplo hemos definido que el compás sea 4/4 pero como anacrusa de corchea:

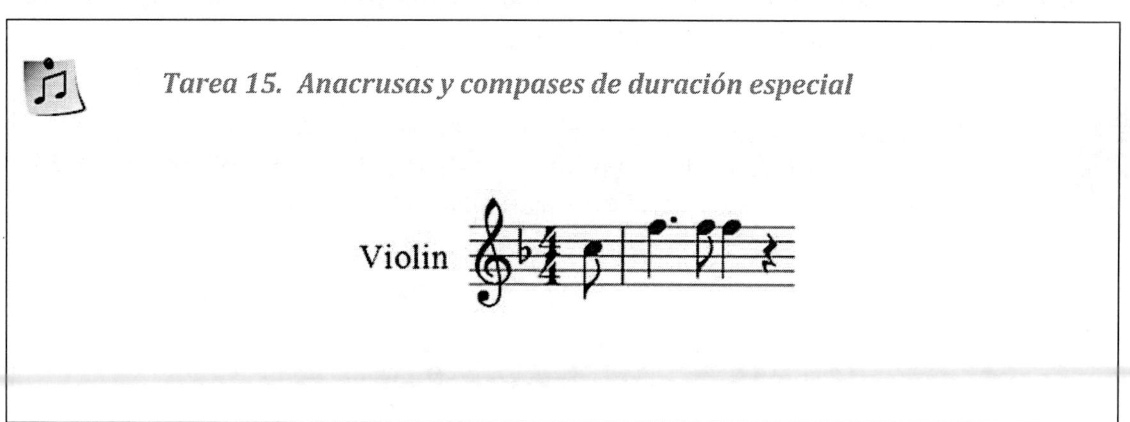

Tarea 15. Anacrusas y compases de duración especial

4.3   Armaduras (K)

Para crear o cambiar una armadura lo podemos hacer en la paleta Armaduras o pulsando el atajo K (Key signature en inglés): La ventaja del segundo método es que te permite personalizar armaduras para música modal o que usa escalas sintéticas.

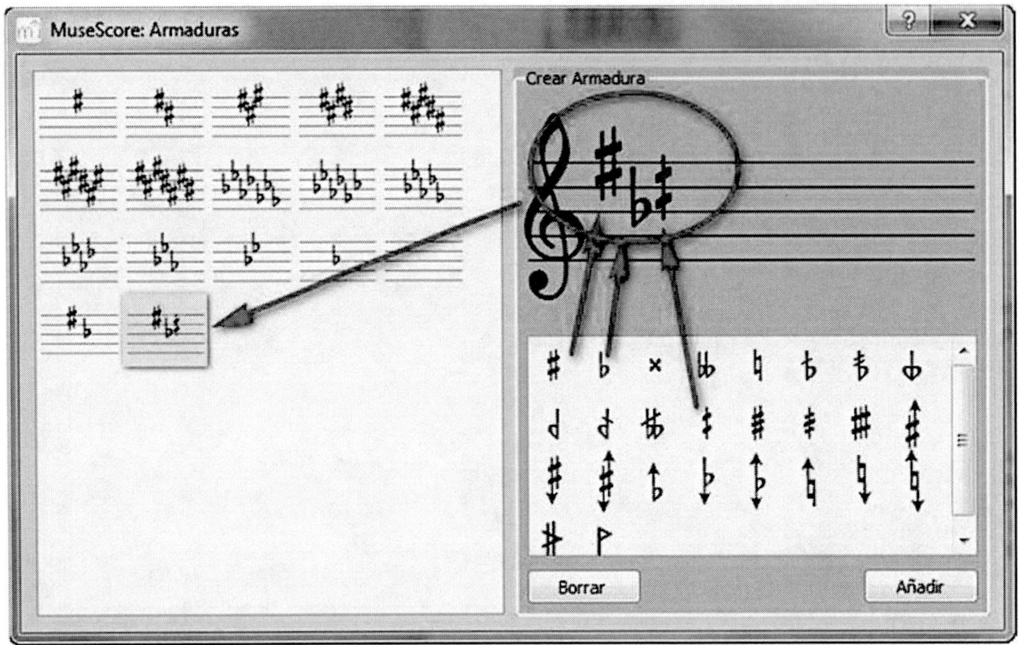

66

MuseScore permite además escribir cada pentagrama en diferentes tonalidades. (No es lo mismo que una partitura con transposición)

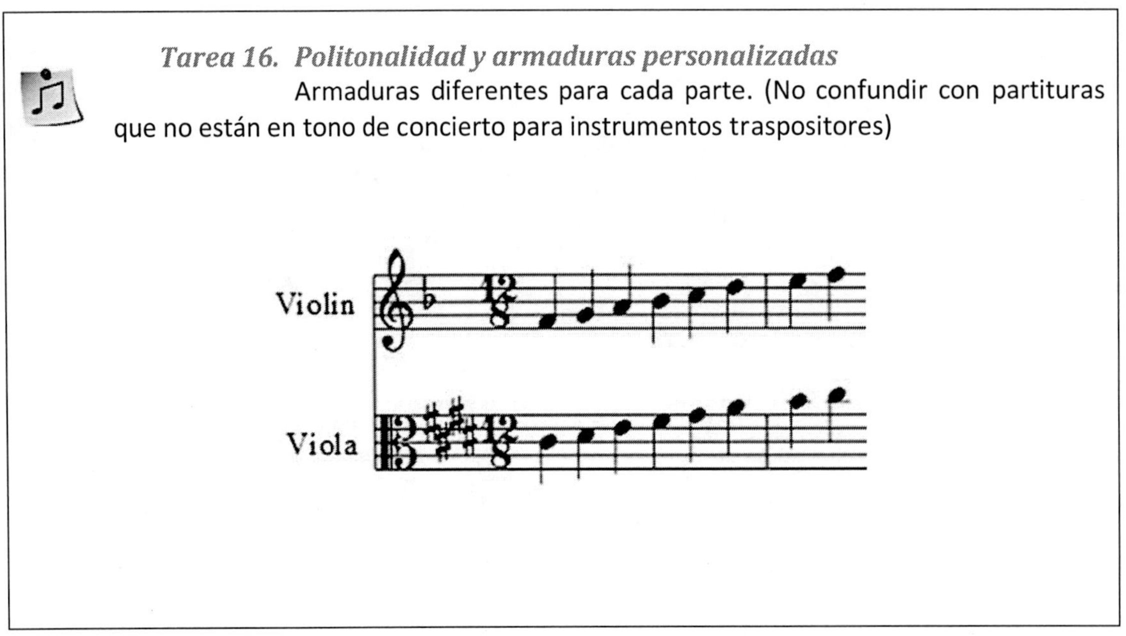

4.4 Selecciones múltiples

Conviene recordar en este punto la manera de hacer selecciones múltiples en MuseScore que es común a muchos otros programas.

- **Método 1. Selección continua (May-clic).** Si queremos seleccionar todo un pasaje hacemos clic en una nota y luego **May-clic** en la última del pasaje.

- **Método2. Selección continua con el teclado (May+flecha derecha o izquierda).** Seleccionando una nota, manteniendo pulsada después la tecla May y presionando sucesivamente las flechas extendemos la selección hacia un lado u otro.

- **Método 3. Selección alterna (Ctrl+clic).** Si solo queremos seleccionar algunas notas y otros objetos hacemos clic sobre uno y luego **manteniendo pulsada la tecla Ctrl hacemos clic** en los siguientes que deseamos tener en la selección.

67

- **Método 4. Selección total (May+arrastrar el ratón).** Con las selecciones anteriores solo tomaremos las notas, pero no los textos y otros elementos de la partitura. Para hacer una selección de todos los elementos de un pasaje pulsaremos y mantendremos pulsada la tecla May y arrastraremos haciendo clic izquierdo toda el área que queremos seleccionar. Veremos que también los objetos de texto aparecen en la selección.

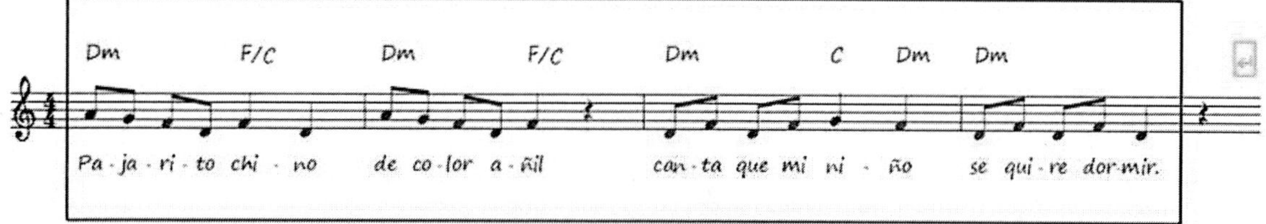

Tener siempre presente estos métodos de selección nos ahorrará mucho tiempo y trabajo a la hora de hacer tareas repetitivas en la edición de partituras y en muchos otros programas. Los ordenadores se inventaron para ahorrar tiempo y merece la pena perder un poco de tiempo en aprender su forma de uso para sacarles el máximo partido.

4.5 Articulaciones, Dinámicas, Cabezas de notas, etc.

La manera básica de añadir elementos de las paletas a las notas es arrastrarlas sobre sus cabezas hasta que se colorean de rojo y entonces soltarlas. Este método es muy lento y trabajoso si queremos añadir muchas articulaciones a muchas notas, o cambiar un pasaje entero de cabezas de notas, o añadir un matiz a todos los instrumentos de una partitura orquestal.

Lo mejor es hacer una **selección de todas las notas que deben llevar esa articulación**, dinámica, cabeza de nota, etc., y hacer **doble clic sobre el elemento** a añadir en la paleta. Instantáneamente todas las notas aparecerán con ese elemento asociado.

Por ejemplo en el siguiente comienzo del IV movimiento de la cuarta sinfonía de Brahms queremos que todos los instrumentos tengan la indicación de *forte f*. Pulsamos la nota superior y luego con **May+clic** la inferior para hacer la selección múltiple. Ahora en el panel de dinámicas hacemos doble clic sobre la *f* y tenemos la dinámica añadida a todos los instrumentos.

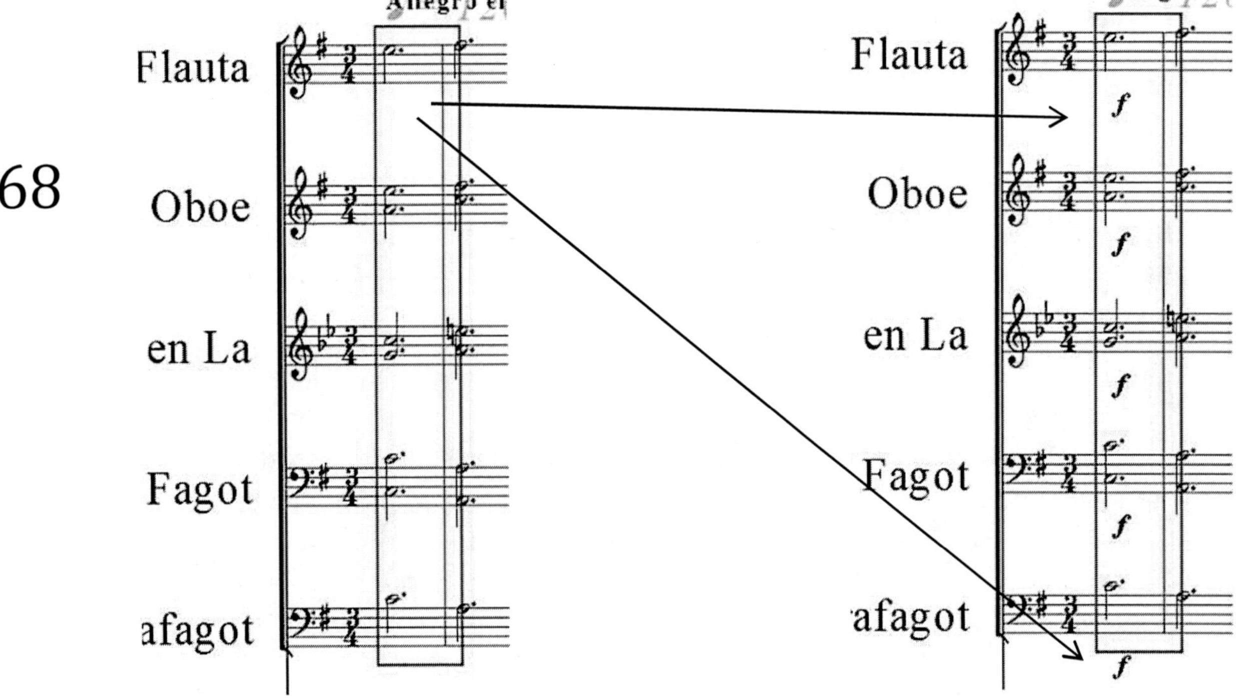

El mismo procedimiento que vale para dinámicas de un sistema sirve para añadir un calderón a todos los instrumentos, para dinámicas sucesivas en una página y, sobre todo, para articulaciones. Si tenemos un pasaje de semicorcheas picadas utilizando este método las resolvemos en un segundo.

4.6   Tono de concierto y partitura con trasposición

En las partituras de orquesta el formato final suele como partitura con trasposición, es decir, los instrumentos transpositores son mostrados con las notas y tonalidad que realmente tocan para que el director les pueda indicar correcciones sobre la partitura que ellos tienen.

Es posible que a la hora de componer se prefiera trabajar en lo que MuseScore llama Tono de concierto. En esta forma las notas de los instrumentos transpositores aparecen representadas como suenan de modo que no es necesario transportarlas.

Por ejemplo vamos a fijarnos en nuestra partitura de la sinfonía de Brahms en la parte de los clarinetes en La. Que un instrumento, en este caso un clarinete esté afinado en La significa que cuando toca la nota que el llama y lee DO, el sonido absoluto o real es LA, una 3ª menor por debajo[2]. Cuando el clarinete toque la nota Sol, sonará Mi. Por esa razón la tonalidad del clarinete es solm en vez de mim.

Si al escribir la parte de clarinete en MuseScore tenemos desactivada la opción Tono de concierto, al pulsar un Sol escribirá Sol, pero sonará Mi. Esta es la mejor forma de introducir las notas si estamos copiando una partitura, pero sin olvidar nunca la razón por la que las notas que suenan no son las escritas.

69

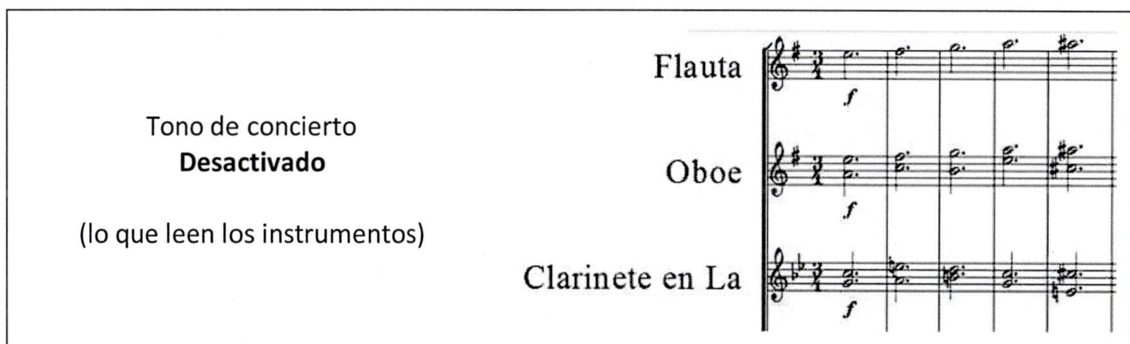

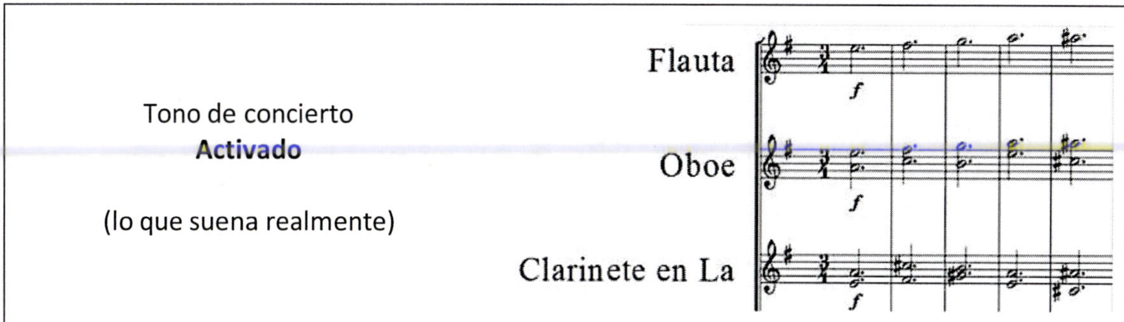

IMPORTANTE: A la hora de imprimir las partes y el guion del director tendrás que desactivar siempre la opción Tono de concierto.

---

[2] *¿Por qué no se fabrican todos los instrumentos en DO para no tener problemas con la trasposición? Hay varias razones para ello, una es acústica, en ese tamaño el instrumento tiene mejor sonoridad. Otra razón es pedagógica. Si a un alumno que comienza el instrumento le decimos que la nota del instrumento es LA y le queremos enseñar a tocar la escala tendríamos que empezar explicando sostenidos, bemoles, etc.*

Tarea 17. Partitura orquestal sinfónica.
Página de IV movimiento de la IV sinfonía de J. Brahms. Recuerda modificar los instrumentos traspositores y editar las Propiedades del pentagrama para cambiar su nombre

70

SEGUNDA PARTE

71

APLICACIONES AVANZADAS EN LA
EDICIÓN Y COMPOSICIÓN

Una vez conocidos los fundamentos del programa vamos a aprender a utilizar sus funciones en varios casos prácticos que pueden necesitarse en el día a día del músico. MuseScore como editor de partituras realiza el trabajo básico de introducir notas, articulaciones, dinámicas, letras, etc., que necesitamos para la mayoría de las partituras. Pero también puede necesitarse la edición de partituras para realizar bajos cifrados, escribir a 4 voces en dos pentagramas, notaciones contemporáneas, crear partituras de Jazz, o realizar gráficos analíticos.

Vamos a ver unos ejemplos de casos prácticos con soluciones para aprovechar más las posibilidades del programa.

5 ADORNOS, APOYATURAS, MORDENTES Y ARPEGIOS

Los **adornos** en MuseScore se añaden como símbolos sobre las notas. Abriendo el panel de símbolos **Z** arrastramos el deseado sobre la nota hasta que cambie a color rojo, lo soltamos y colocamos. En MuseScore no se interpretan los adornos.

Los **trinos largos** los encontramos en el panel Líneas. Del mismo modo arrastrando sobre la nota y después tirando del asa de arrastre para acortar o alargar dicha línea. Haciendo doble clic sobre este símbolo volvemos a ver el asa de arrastre.

Los **Arpegios** en MuseScore se colocan automáticamente. Basta seleccionar el acorde y doble clic en la paleta **Arpegios** y Glissandos.

Apoyaturas y otras notas de adorno pequeñas. Arrastrando desde la paleta Notas de adorno a la cabeza de la nota y soltando. Automáticamente cada nueva nota añadida se agrupará con las anteriores.

Los **adornos con notación pequeña** que se encuentran habitualmente en partituras de Chopin o Liszt podremos editarlos con compases especiales y grupos de valoración especial como se explica en el próximo apartado.

Tarea 18. Notas de adorno, líneas y arpegios. Variaciones Brahms.
Recuerda también lo referente a las voces 1 y 2.
Estudios para el teclado
Variaciones sobre un Tema de Nicolò Paganini op.35
Libro I
Johannes Brahms
(1866)
Thema
Non troppo presto
f
Var. 1
sf
sf
sf
sf
8va
Álvaro J. Buitrago Téllez 2012

6 CADENCIAS Y FERMATAS

De la misma manera en que creamos anacrusas también podemos crear compases especiales para insertar por ejemplo cadencia. En una cadencia o fermata es posible encontrar un compás con más figuras que las que corresponden habitualmente. Para ello sumaremos la duración de estas figuras y ampliaremos la duración del compás cuanto haga falta. (Si nos quedamos cortos o nos sobra no pasa nada, volvemos a cambiarlo y problema arreglado) En nuestro caso un compás de 6/8 pasa a durar como 17/8 (17 corcheas en total)

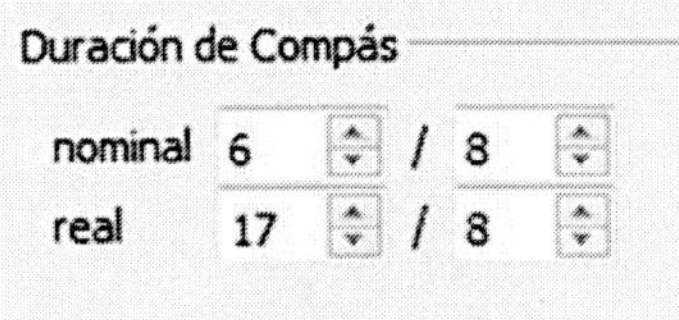

Una vez creado el compás especial escribimos las figuras:

En este caso el grupo de 7 fusas está escrito como un 7-illo de duración total 1 corchea y el de 5 semicorcheas duración total 1 negra.

Ahora procedemos a ajustar la agrupación como aparece en la partitura original utilizando la paleta Propiedades de agrupación. En función de si necesitamos agrupar o separar arrastramos el símbolo a la cabeza de la nota correspondiente hasta que esta se ponga de color rojo y soltamos:

Ocultamos los números o barrados de los grupos de valores especiales haciendo clic derecho sobre el número y después **Hacer invisible**.

Lo habitual en este tipo de notación es que las notas correspondientes al adorno o cadenza aparezcan de un tamaño más pequeño. Para ello seleccionamos todo el grupo de notas (clic en la primera y luego May+clic en la última), clic derecho en el ratón y Propiedades de nota.

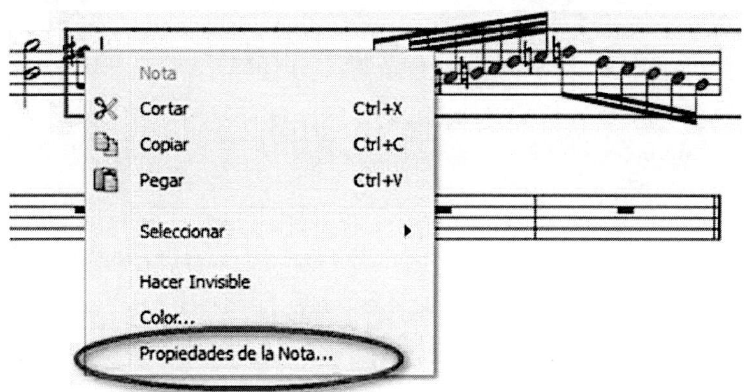

75

Y marcamos la casilla Pequeño (posiblemente por error de traducción aparece como Propiedades de acorde)

Y así ya tenemos nuestra cadencia editada correctamente en MuseScore.

7 *"FILTROS" DE SELECCIÓN*

Aunque MuseScore no dispone aún de filtros avanzados permite filtrar objetos de la partitura para modificarlos todos de un solo golpe. Si hacemos **Clic derecho** sobre algo y elegimos la opción **Seleccionar>Seleccionar todos los elementos similares**, el programa añadirá a la selección todos los objetos de texto, notas, cifrados de acordes,... de modo que podremos aplicarles un cambio a una propiedad, por ejemplo el color, o a la posición con un solo clic.

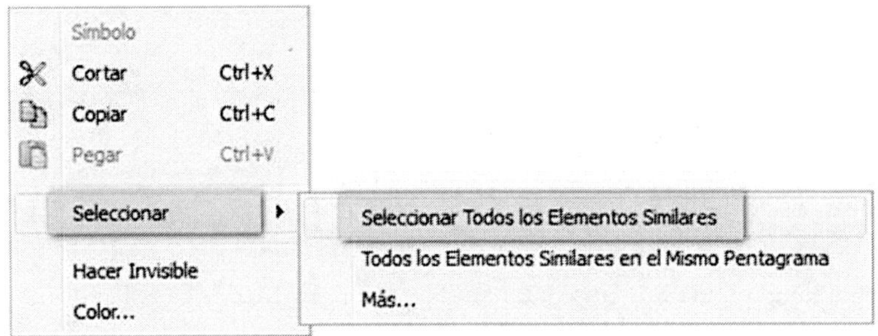

Por ejemplo queremos mover un poco las dinámicas pues chocan con las notas en algún lugar hacemos un filtro de selección y <u>manteniendo pulsada la tecla **Ctrl**</u> arrastramos y de ese modo todos los objetos se moverán a la vez al lugar deseado.

Hay cientos de situaciones en las que esta forma de filtrar objetos es muy útil. Por citar alguno supongamos que queremos editar una partitura sin barras de compás. Una vez terminada de escribir la partitura seleccionamos una barra de compás, hacemos un filtro y sobre una de ellas aplicamos la propiedad **Hacer invisible** (clic derecho>Hacer invisible). En un segundo todas las barras de compás de la partitura se volverán ocultas y no tendremos que hacerlo una a una.

Otro uso puede ser la necesidad de colorear todos los objetos con una propiedad de la partitura, colores de notas, matices,...

Otro ejemplo. Seleccionamos un elemento de texto y todos los similares hacemos clic derecho sobre alguno de ellos y elegimos **Propiedades del texto**, cambiamos la fuente o el color y veremos como cambian en todos los seleccionados a la vez.

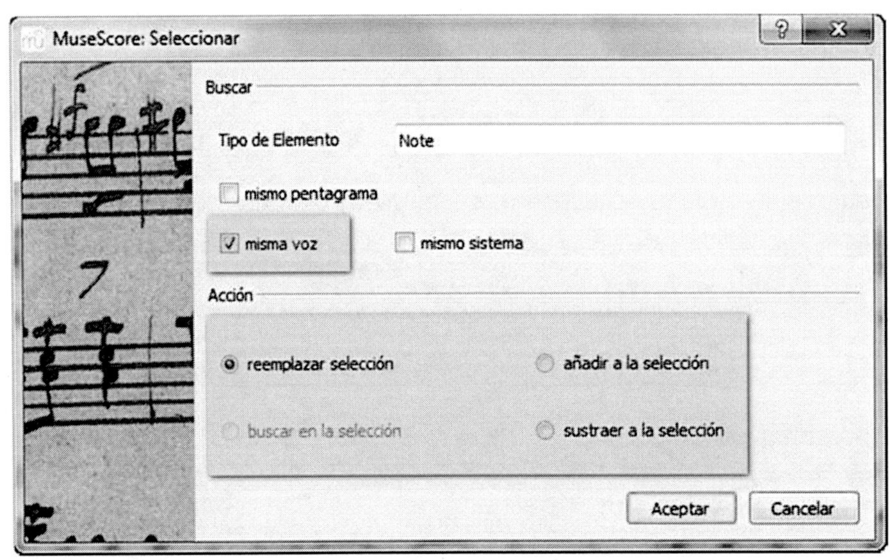

8 NOTAS QUE CRUZAN EL PENTAGRAMA

En la música para teclado es habitual encontrarse con pasajes cuyas notas están escritas en una sola línea melódica pero que cruzan el pentagrama para indicar que se tocan con otra mano. Un ejemplo muy claro es la pieza Asturias de Isaac Albéniz. El comienzo consiste en una continua alternancia de manos para imitar el punteo de la guitarra.

Para cruzar una nota en el pentagrama seleccionamos su cabeza y pulsamos **Ctrl+May+flecha** (arriba o abajo según hacia dónde queremos moverla)

Crea una partitura vacía para piano y copia el siguiente fragmento:

- Tendrás que cruzar las notas
- Reducir el tamaño del pentagrama en **Diseño>Configuración de página>Escalado>Espacio** (1.564 más o menos)
- Borrar las indicaciones de instrumento pues es para instrumento solista. Selecciona el nombre y suprime.
- Una vez creado el primer compás usa la función repetir, tecla **R**, para mantener los cruces de notas en el pentagrama y mueve las notas con el ratón.
- La función repetir de permitirá además conservar las indicaciones de articulación.
- Crea las indicaciones de matiz y reguladores y arrástralos.

Tarea 20. Notas que cruzan el pentagrama. Asturias de Albéniz.
Notas que cruzan pentagramas
Asturias de Albeniz
pp
marcato il canto
fpp
pp

9 BAJO CIFRADO

Al contrario que otros programas MuseScore actualmente no dispone de estilo de texto específico para editar cifrados barrocos. Para ello también podemos hacer uso de recursos gratuitos en la web como por ejemplo la fuente libre **FiguredBassMH Font** diseñada por Matthew Hindson http://www.hindson.com.au/wordpress/

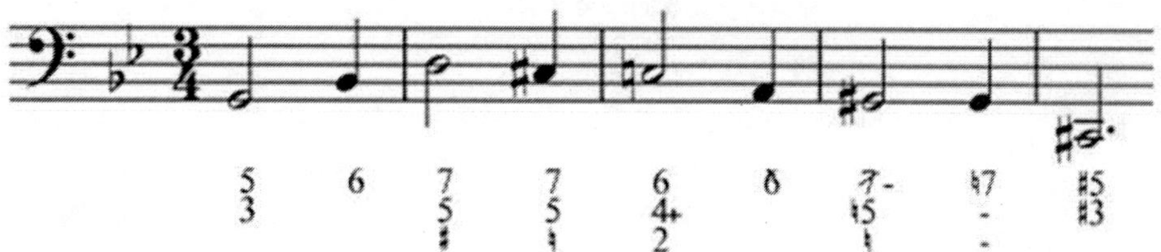

Dicha fuente dispone de caracteres específicos para la edición de bajos cifrados como los números como barrados para intervalos disminuidos o las cruces añadidas para indicar alteraciones de sensibles.

En MuseScore tendremos que añadir los números de bajo cifrado como tipo de texto de letra, seleccionando la nota y pulsando Ctrl+L. Pero antes debemos de configurar el Estilo de la partitura para que podamos utilizar las fuentes deseadas.

El primer paso es descargar e instalar en el sistema la fuente **FiguredBassMH Font**

http://www.hindson.com.au/wordpress/free/free-fonts-available-for-download/

Una vez instalada creamos un documento nuevo en MuseScore que vamos a utilizar para personalizar el estilo.

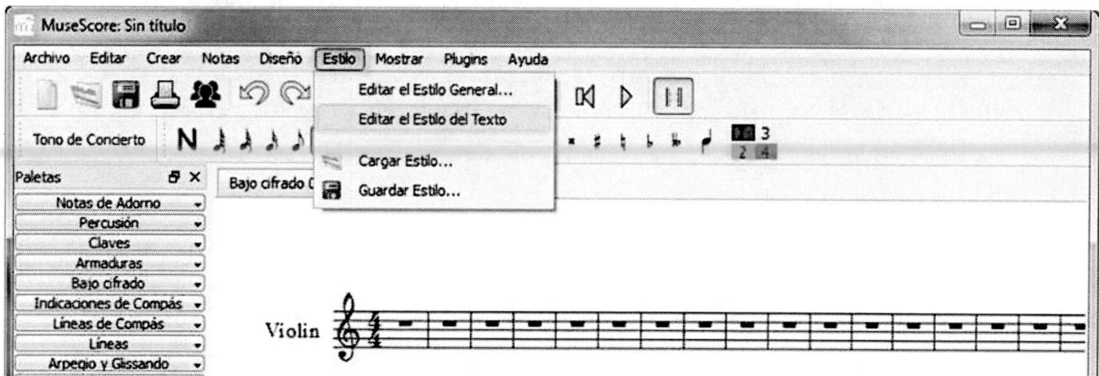

En el panel que aparece podemos configurar todas las fuentes para los distintos estilos de texto que aparecerán en la partitura. En este caso nos interesan Líneas impares de letra y Líneas niveladas de letra. Desplegando la pestaña Fuente buscamos el tipo de letra FiguredBassMH. Repetimos el proceso con Líneas niveladas de letra. Incluso podemos cambiar el tamaño de fuente a 10. Después aceptamos los cambios.

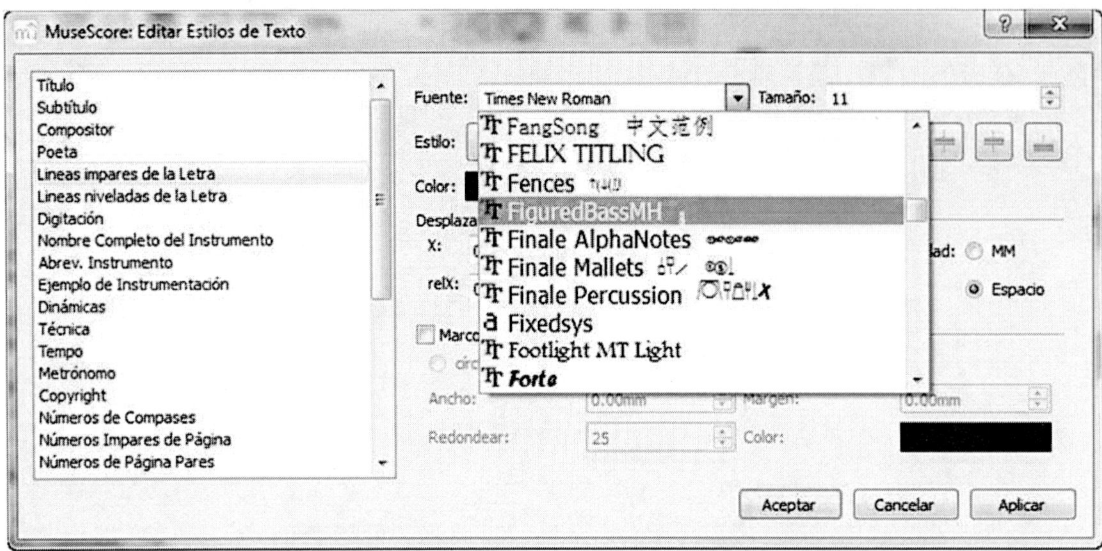

Ahora ya disponemos de la herramienta de fuentes creada por **Matthew Hindson** para implementar las funciones de MuseScore. Pero hay que aprender su uso.

Si queremos podemos cambiar otros elementos del estilo para dar un aspecto más personalizado a la partitura. En el ejemplo vamos a utilizar la fuente libre **NarvaezText** y **LeRoy** para otros elementos del texto y dar así a la partitura un aspecto antiguo. Se trata de un conjunto de fuentes libres creadas por **Steve Horn**

http://www.sibeliusblog.com/tutorials/leroy-early-music-fonts-for-sibelius/ para el editor de partituras Sibelius que pueden descargarse en:

http://www.websentia.us/sibeliusExtras/LeroyEarlyMusicPackageforSibeliusv101.zip

Ahora vamos a familiarizarnos con el proceso de introducción del cifrado con esta fuente específica:

1. Números. En el bajo cifrado los números aparecen en columnas. El sistema de esta fuente es que las columnas del teclado añaden el número correspondiente en cada fila.

1	2	3	4	5	6	7	8	9	Línea superior
q	w	e	r	t	y	u	i	o	2ª línea
a	s	d	f	g	h	j	k	l	3ª línea
z	x	c	v	b	n	m			4ª línea

visto desde el teclado así:

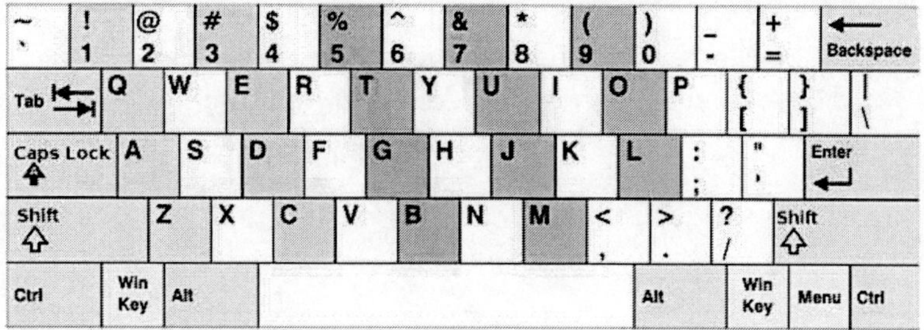

2. Alteraciones accidentales
   a. En solitario: **May+1 = b**

May+1 (signo!)	b
AltGr+2 (Signo @)	h
AltGr+3 (signo#)	#
May más las teclas correspondientes a cada columna añaden esos símbolos en las líneas 2, 3 o 4	

   b. A la izquierda de los números

May+4 (signo!)	b
May+5 (Signo @)	h
May+6 (signo#)	#
May más las teclas correspondientes a cada columna añaden esos símbolos en las líneas 2, 3 o 4	

3. Barrados sobre los números

0	Barra sobre el número en la línea superior
p	Barra sobre el número de 2ª línea
;	Barra sobre el número de 3ª línea
/	Barra sobre el número de 4ª línea

4. Números barrados
5. Líneas cortas

	Línea corta superior
[	Línea corta 2ª línea
'	Línea corta 3ª línea
"	Línea corta 4ª línea

6. Espacios. Pulsar la barra espaciadora nos mueve a la siguiente notal. Pulsar **Ctrl+barra espaciadora** crea un espacio menor dentro de la misma nota.

81

Tarea 21. Bajo cifrado armónico barroco
Con la fuente FiguredBassMH edita el fragmento de bajo cifrado
siguiente

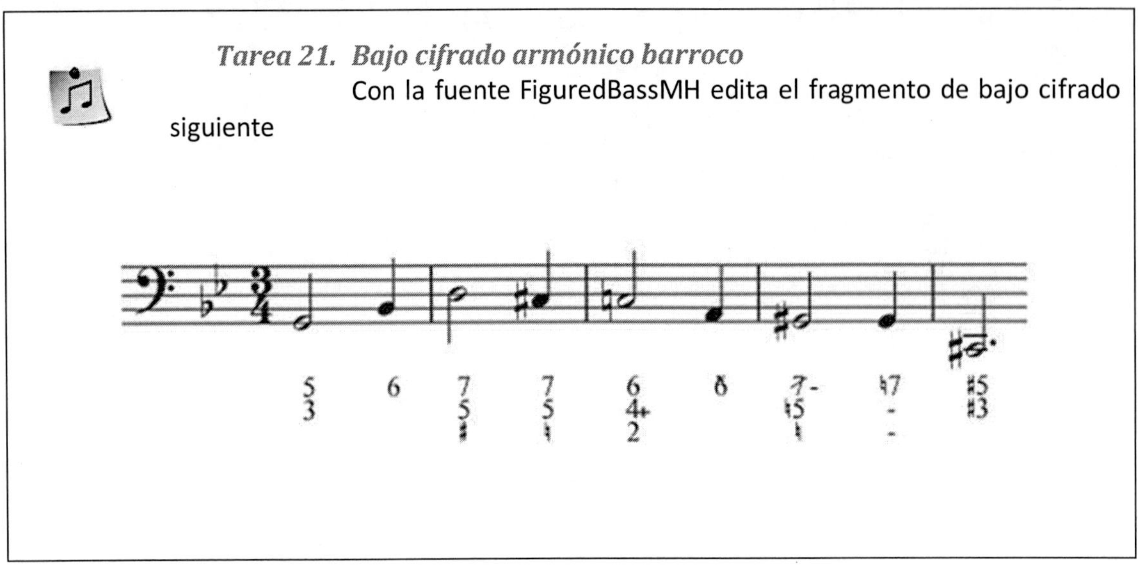

82

10 EXPANDIR LAS POSIBILIDADES DE EDICIÓN CON GRÁFICOS

La posibilidad de importar gráficos en MuseScore no figura entre las funciones que aparecen en los menús del programa actualmente. Sin embargo es posible importar gráficos a una partitura simplemente arrastrando desde el explorador del sistema operativo el icono del archivo gráfico sobre la partitura.

Aún no es posible utilizar capas, y las líneas del pentagrama siempre quedan detrás del gráfico. Pero eso no será un problema si utilizamos gráficos con fondo transparente en formato .png o .tiff.

Es más podemos usar la característica de exportación de MuseScore para generar y modificar símbolos musicales para añadir a nuestra partitura.

Vamos a editar un fragmento de la Ofrenda Musical de Johann Sebastian Bach.

Para obtener la clave de Do invertida utilizamos un documento de MuseScore en el que la añadimos como símbolo. Después los editamos con un programa como Gimp para invertirla y la insertamos de nuevo en la partitura final.

Ahora guardamos la partitura como gráfico .png o .tiff y la editamos con Gimp o cualquier otro editor de imágenes.

http://www.gimp.org/

http://www.gimp.org/downloads/

84

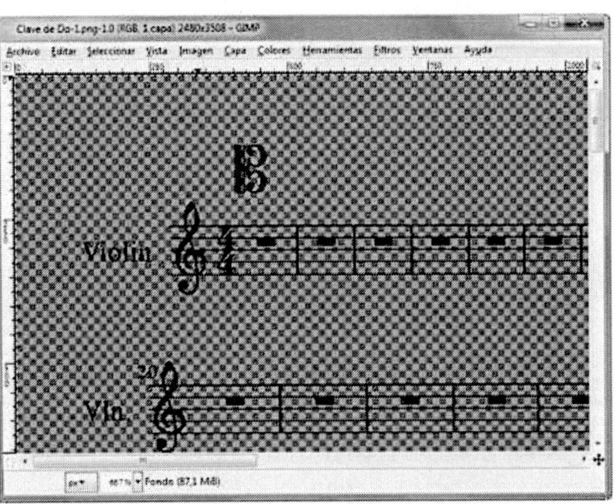

Con la herramienta de selección rodeamos la clave de Do y en Imagen>Recortar a la selección obtenemos un gráfico trasparente solo con ese símbolo.

En Imagen>Transformar>Voltear horizontalmente obtenemos el símbolo buscado y lo guardamos.

Ahora ya lo tenemos para arrastrar desde el explorador de archivos a la ventada de MuseScore. Vemos que el tamaño no es el mismo. Para cambiarlo hacemos doble clic sobre la imagen para acceder a los puntos de arrastre y redimensionarla.

Tirando de ellos ajustamos la imagen al tamaño correcto. Ahora, al tener el fondo trasparente podemos colocarlo en cualquier lugar de la partitura para aumentar nuestra librería de símbolos.

85

Una vez escrita la partitura necesitamos añadir espacio al final para la clave y la armadura. Seleccionamos la doble barra final, la borramos, y en la barra simple hacemos clic con el botón derecho y seleccionamos **Hacer invisible**.

Un truco para hacer esto es insertar una segunda voz con un ritmo que "empuje" la última negra hacia la izquierda para dejar espacio para añadir la nueva clave y la armadura invertida.

Es conveniente ampliar la vista de la partitura para poder ajustar de una manera más fina las posiciones:

Y así logramos el resultado final esperado:

86

Aunque la calidad de los gráficos no es tan buena como la de los símbolos en el resultado final no se nota diferencia y permite ampliar las posibilidades de MuseScore hasta dónde la imaginación y el ingenio llegue.

NOTA: *Una Ofrenda Musical es una colección de obras contrapuntísticas compuestas por J. S. Bach sobre un tema dado por el rey y flautista Federico II de Prusia. Los cánones pertenecen al tipo enigmático que mediante la escritura musical no estándar o un enigma o adivinanza en el título permite su interpretación en un conjunto instrumental. Así una sola línea escrita puede dar lugar a una pieza en dúo, cuarteto, en teclado o incluso una orquesta.*

En el canon anterior una solución sería que mientras uno o varios instrumentistas leen la partitura de manera convencional, otros leen la partitura de atrás adelante. Al superponer ambas melodías el resultado es musical. Para ello el compositor debe componer a la vez ambas melodías colocando las notas en orden inverso desde el punto medio.

En este caso el punto medio es el compás 9. Si desde ese punto cruzamos las partes, invirtiendo el orden de las notas obtenemos la obra final. Así solo necesitamos componer la mitad para tener una obra entera. Una vez diseñada la composición la resumimos con la melodía superior y con el enigma en forma de símbolos de notación o frase dejamos al intérprete la labor de solucionarlo.

Trabajando con la opción de retrogradar las notas solo tendríamos que escribir la mitad de la obra para luego aplicar el plugin, retrogradar las notas, y pegarlas cruzando los pentagramas.

Siempre es un buen consejo analizar una obra antes de empezar a escribirla, localizando las repeticiones (cortar y pegar) los transportes (copiar, pegar y transportar) y ritmos complejos repetidos que copiando y pegando para después cambiar la altura de las notas nos pueden ahorrar mucho tiempo.

87

11 NOTACIÓN CONTEMPORÁNEA

11.1 Barrados en abanico

Otra de las formas habituales de notación moderna son los barrados en abanico. En MuseScore aún no están disponibles como función, pero lo estarán en próximas versiones (ver más adelante)

Para hacerlo en la versión actual tenemos que ocultar los barrados de los grupos de semicorcheas e insertar líneas ajustando el ángulo con las asas de arrastre. En las propiedades de línea aumentamos el grosor.

Las **notas sin plica** se consiguen seleccionando el grupo de notas y en Propiedades de nota elegimos Sin plica. (recuerda que esto funciona solo para negras y blancas, así que deberás ajustar el compás para que entren todas las figuras.

Para la **notación pequeña** seleccionamos el grupo de notas y en Propiedades de nota elegimos pequeña.

Ocultando las cabezas de notas conseguimos las **plicas sin cabezas**.

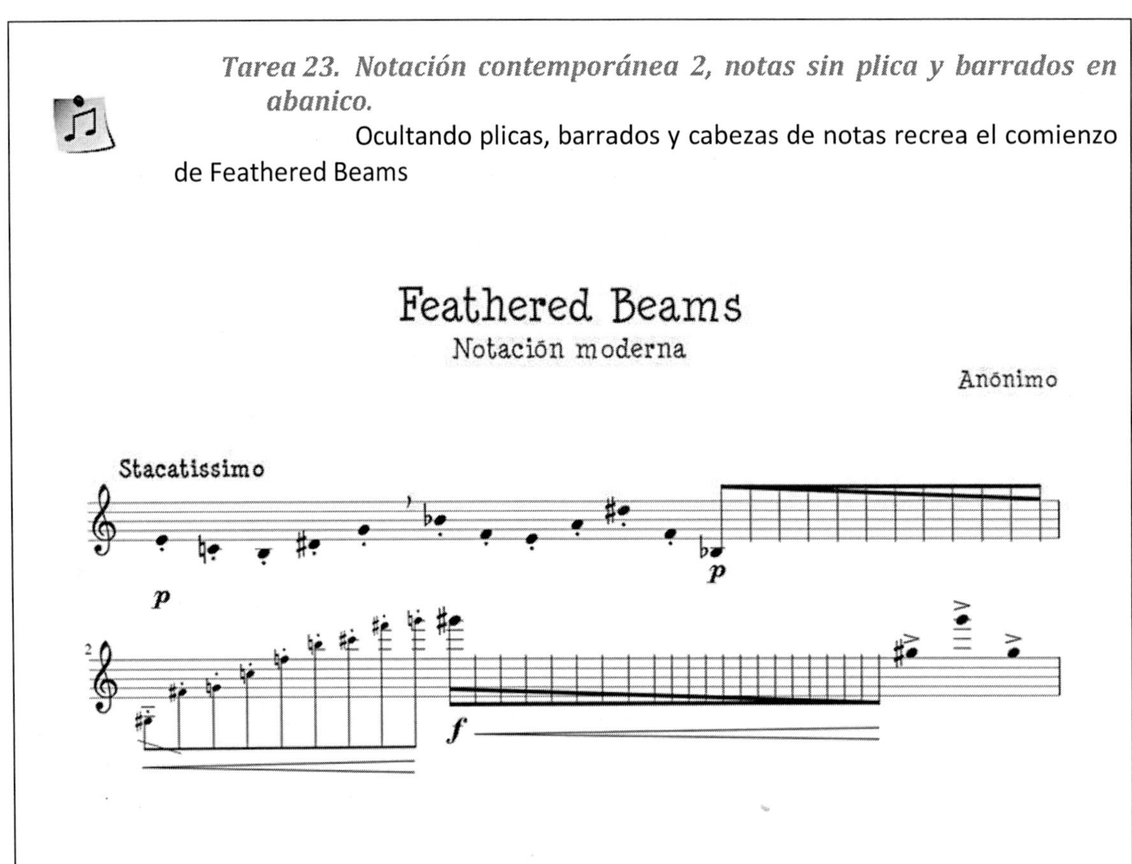

Tarea 23. Notación contemporánea 2, notas sin plica y barrados en abanico.

Ocultando plicas, barrados y cabezas de notas recrea el comienzo de Feathered Beams

11.2 Gráficos .SVG, TIFF y .PNG

Aunque MuseScore tiene bastantes limitaciones a la hora de crear notaciones específicas y personalizadas como las de la música contemporánea o actividades de pre-lectura con fines pedagógicos, dispone de la posibilidad de importar gráficos para paliar estas carencias.

Hay dos tipos de gráficos que facilitan esta tarea:

- **<u>PNG y TIFF</u>**

Permiten tener un color de fondo transparente y de esta forma no tapan el pentagrama. Sin embargo pueden perder resolución ("pixelizar") cuando se cambian de tamaño.

- **<u>SVG</u>**

Con este formato podremos cambiar el tamaño de la imagen sin que se pierda resolución.

Existen muchos medios de crear personalmente este tipo de gráficos con programas gratuitos como **GIMP** e **Inkscape**. Con unas cuantas nociones básicas podemos llegar a diseñar fácilmente los gráficos necesarios. Conviene siempre ajustar el tamaño para que no sean complicados de manejar en la partitura.

http://www.gimp.org/

http://inkscape.org/?lang=es

Una vez creado el gráfico solo tendremos que colocarlo en su posición y ajustar su tamaño. Recuerda que MuseScore bloquea la relación de aspecto, de modo que si quieres cambiar solo una dimensión del gráfico tendrás que desactivar esa opción. (Revisa el apartado Insertar imágenes y gráficos si no recuerdas cómo hacerlo)

Vamos a crear una partitura para instrumentos de cuerda que utilice líneas onduladas, notas sin cabeza y triángulos para crear aleatoriedad en la afinación.

Tarea 24. *Notación contemporánea 1, gráficos*

Con gráficos svg o .png de fondo trasparente edita una partitura igual o similar a Cuerdalia. En http://musescoretutoriales.blogspot.com podrás descargar archivos complementarios para terminar la práctica sin usar editores de imágenes.

Cuerdalia

Alvaro J. Buitrago

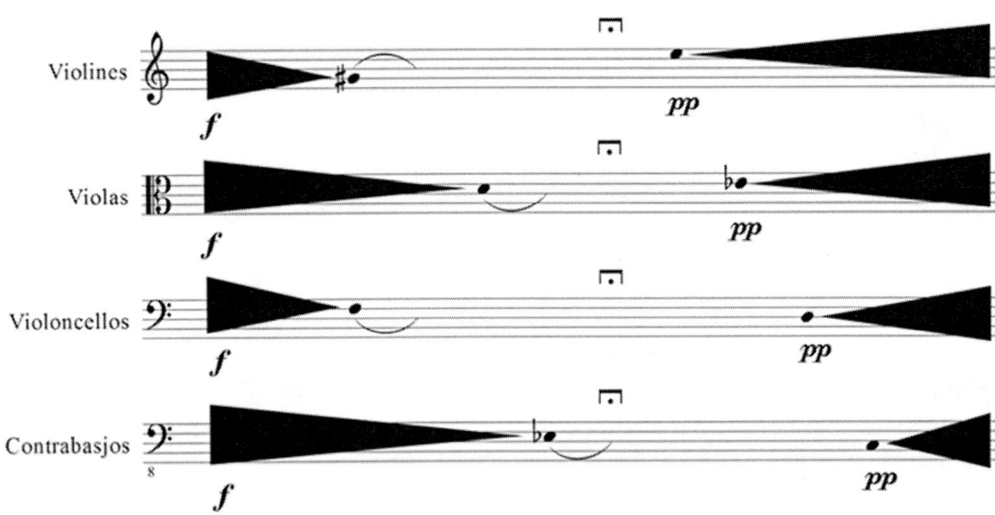

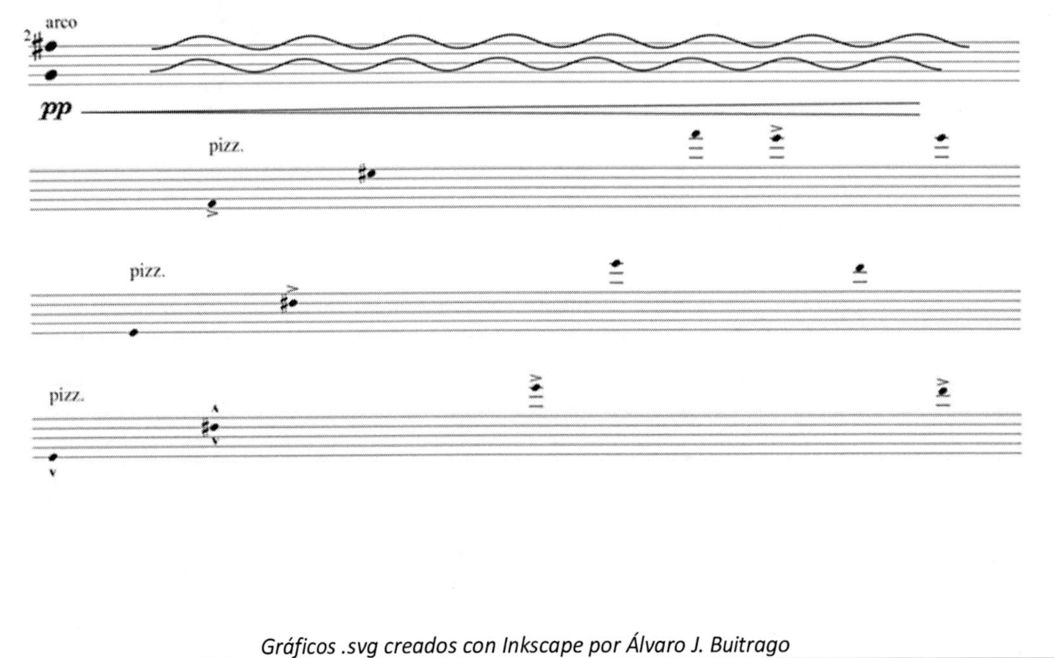

Gráficos .svg creados con Inkscape por Álvaro J. Buitrago

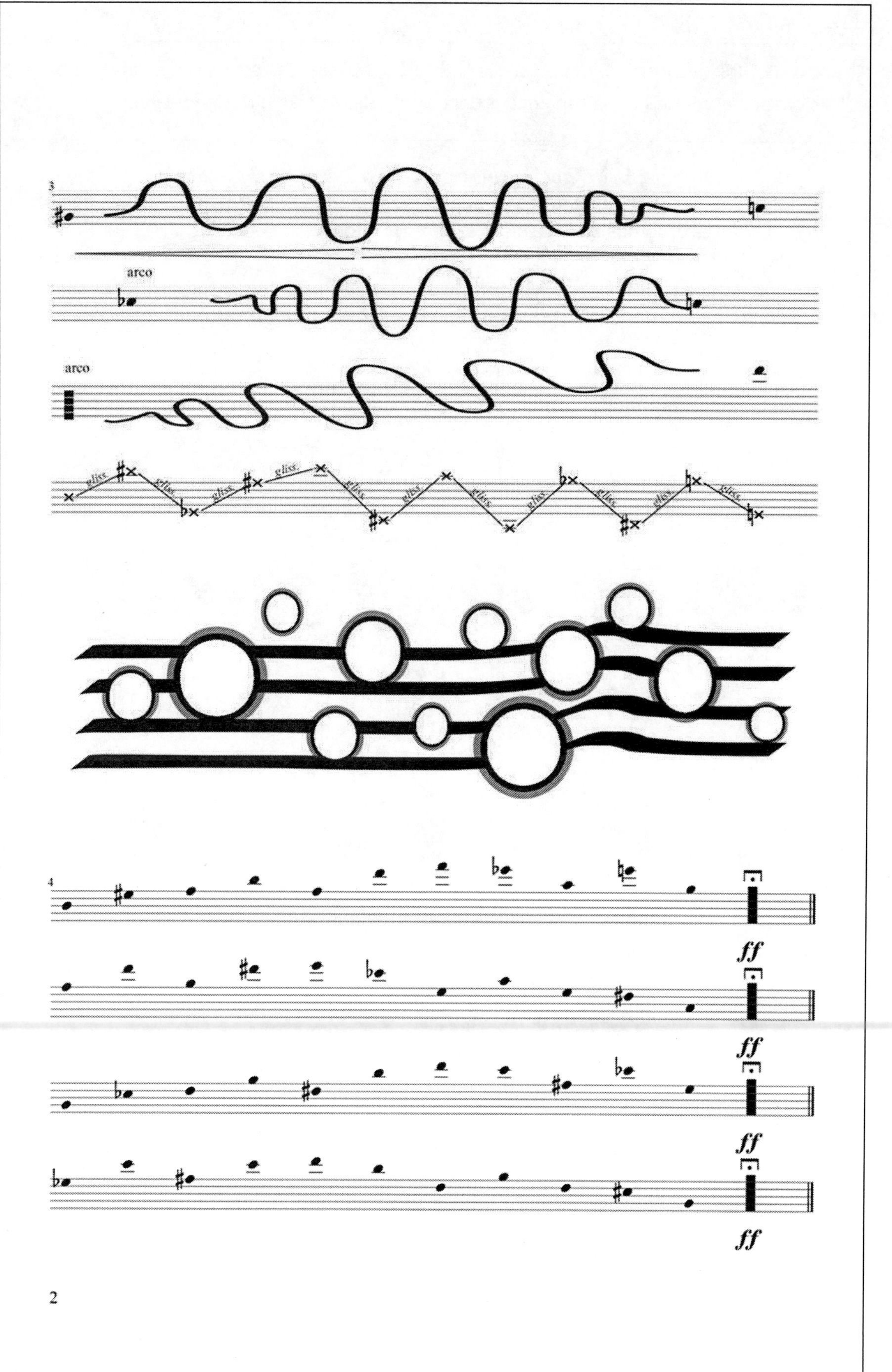

91

11.3 Ocultar compases en pentagramas.

Es otro de los lugares comunes de la notación actual. Es posible ocultar compases seleccionando el compás y en Propiedades del compás **desactivar** la opción **Visible**.

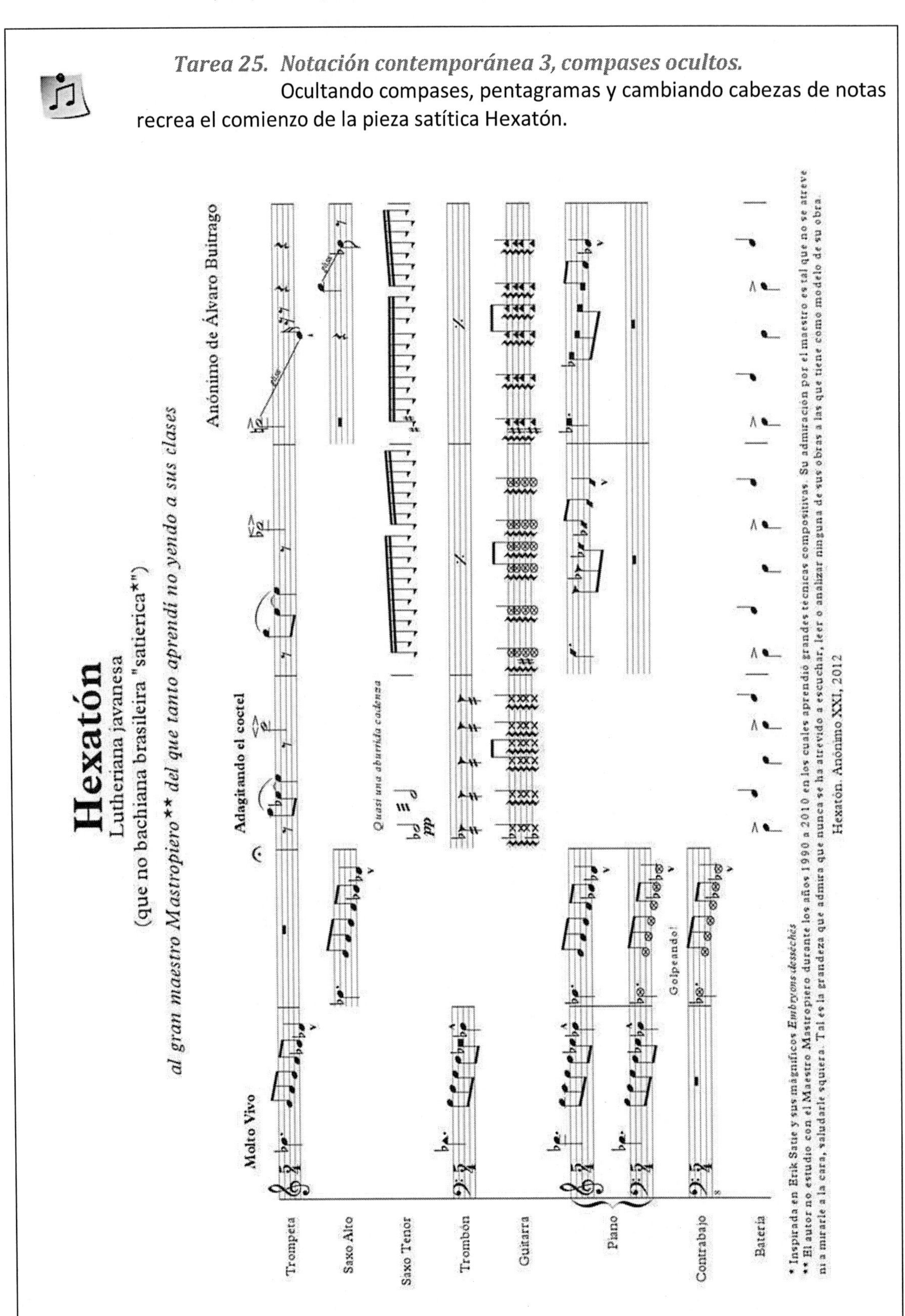

12 HOJAS DE EJERCICIOS

En el ámbito educativo es usual utilizar los editores de partituras en la creación de hojas de ejercicios y exámenes. Para hacer esto en MuseScore es fundamental familiarizarse con:

- opciones avanzadas de estilo
- creación de compases especiales
- objetos ocultos
- marcos y añadir texto a los mismos

Para crear una hoja de ejercicios similar a esta primero desactivaremos en **Estilo>Editar estilo general...** las opciones de **Crear indicaciones de cortesía** para compases y armadura.

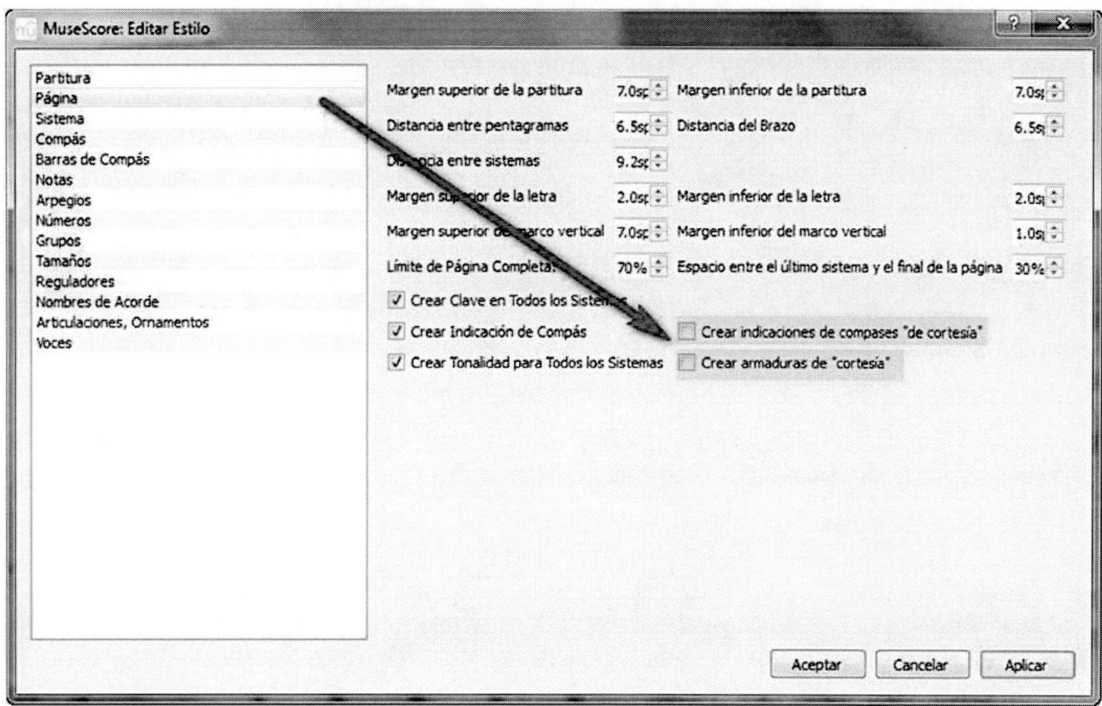

93

Ahora queremos tener varios compases de 4 por 4 para el primer ejercicio. Sin embargo para el segundo necesitaremos compases de 8 por 1 para las escalas (8 redondas). Seleccionándolo podemos ocultarlo para dar un mejor aspecto a la hoja de ejercicios.

Es el turno de los marcos. **Crear>Compases>Insertar marco...** Los marcos **horizontales** crean espacio antes del pentagrama o sistema y los **verticales** sobre o bajo ellos. De esta manera damos formato a la hoja de ejercicios pudiendo separar los diferentes ítems de cada pregunta.

Otra posibilidad es agregar espacio antes del pentagrama para insertar texto allí.

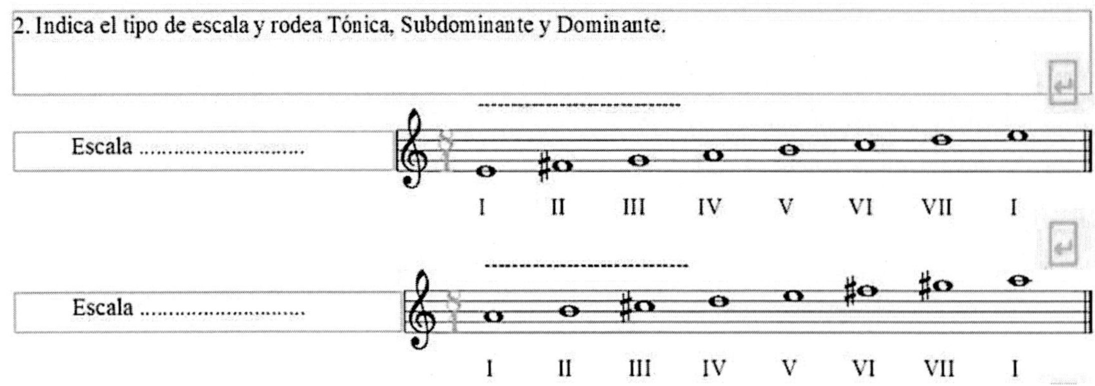

Una vez creado el marco, haciendo **doble clic** sobre uno de sus bordes podremos ver el **asa de arrastre** para ajustarlo.

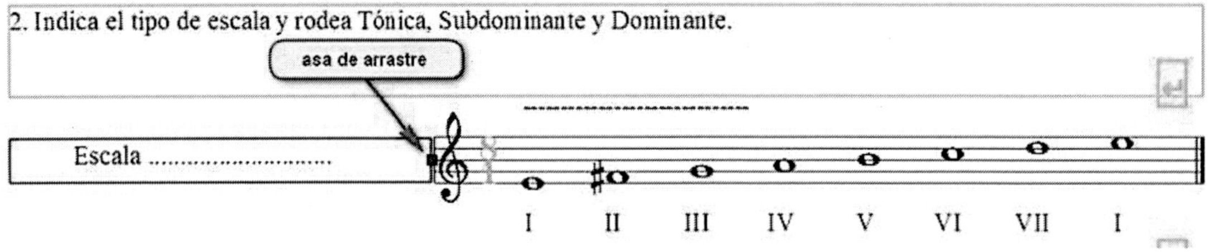

NOTA: Al guardar la partitura como gráfico aparecen los marcos. Para que esto no ocurra debemos desactivarlos en **Mostrar>Mostrar marcos.** Así nos quedará la partitura limpia.

Como estamos haciendo cambios de tonalidad entre los ejercicios es posible que MuseScore nos muestre becuadros indicando la anulación de las anteriores armaduras. Haciendo clic derecho sobre la armadura elegimos **Ocultar becuadros** para dejar de verlos

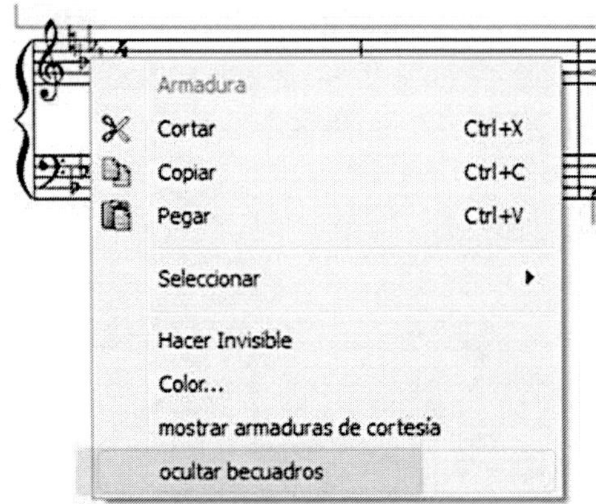

Para añadir texto a los marcos hacemos clic derecho sobre uno de sus bordes y elegimos **Añadir>Texto del marco**

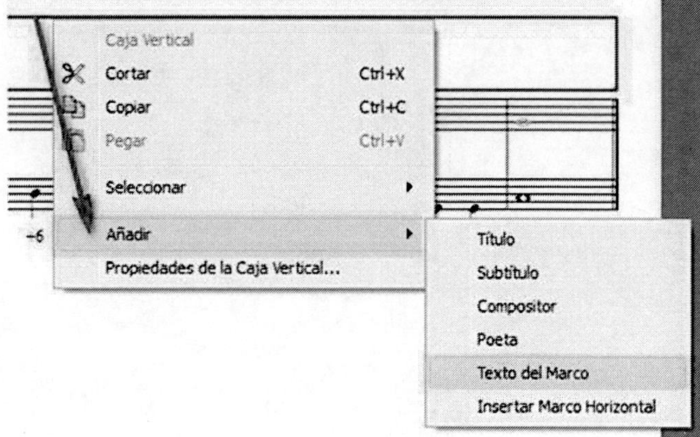

En el último ejercicio para completar un bajo cifrado podemos utilizar lo aprendido en el apartado **Bajo cifrado** anterior. Nos interesa que las plicas del bajo queden hacia abajo para poder escribir las 4 voces al modo tradicional. Para ello seleccionamos la cabeza de la nota y pulsamos la tecla **X**.

La edición de ejercicios como el 3 la veremos más adelante en el apartado Análisis Schenkeriano.

Para crear la hoja hemos utilizado varios instrumentos, un sistema para los ejercicios simples y otro sistema de piano para los de armonía. Nos interesa ocultarlos para tener un aspecto limpio. Podemos hacer que MuseScore los oculte automáticamente en **Estilo>Editar estilo general>Partitura** y activando **Ocultar pentagramas vacíos**.

95

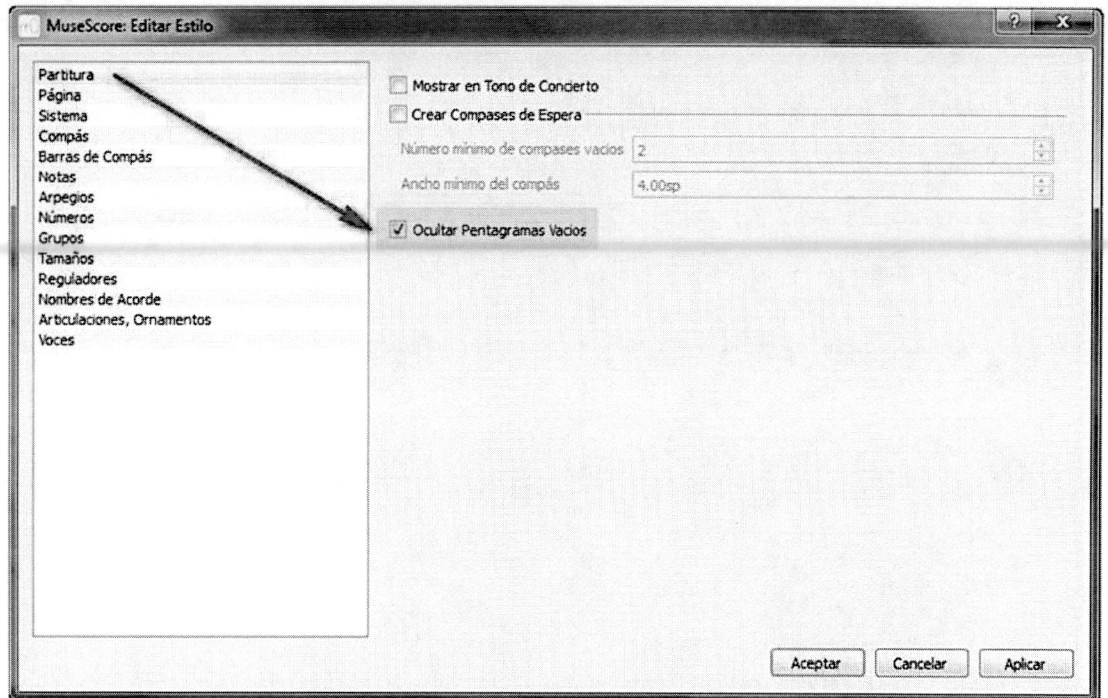

Tarea 26. Hojas de ejercicios con pentagramas cortados y cuadros

Ejercicios

Conservatorio de Música
de Bobadilla del Río

Álvaro J. Buitrago 2012

1. Clasifica los acordes según su especie. Indica el cifrado armónico (jazz) sobre ellos.

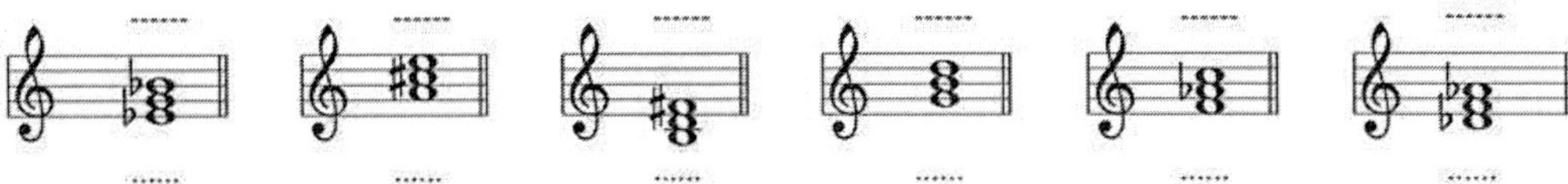

2. Indica el tipo de escala y rodea Tónica, Subdominante y Dominante.

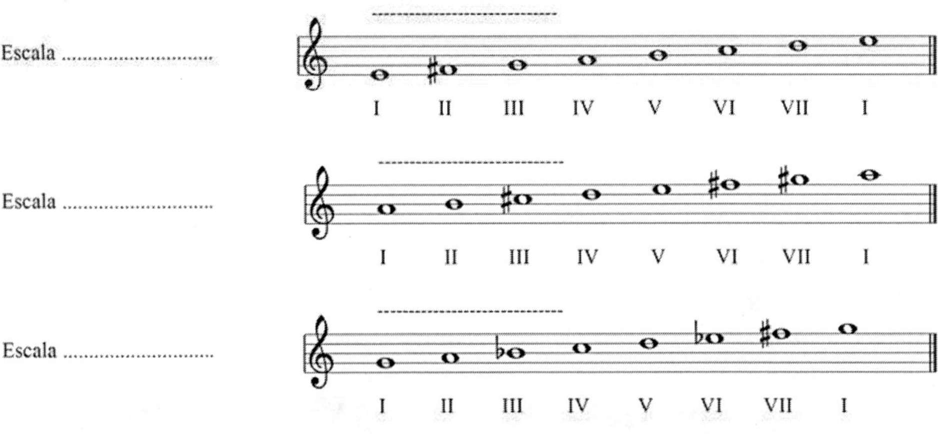

3. Comenta los procedimientos del siguiente gráfico.

....
....
....
....
....
....

Los últimos ejemplos se aprenden a editar en el apartado siguiente.

96

4. Completa a 4 voces el siguiente bajo cifrado. Rodea la 6ª napolitana.

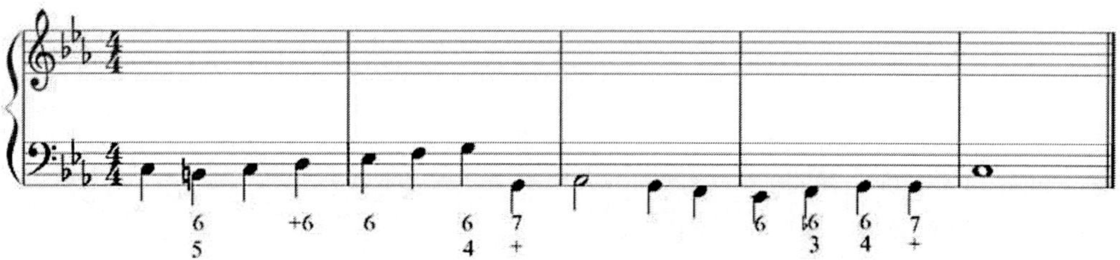

5. Escribe el nombre de los instrumentos debajo de su imágen.

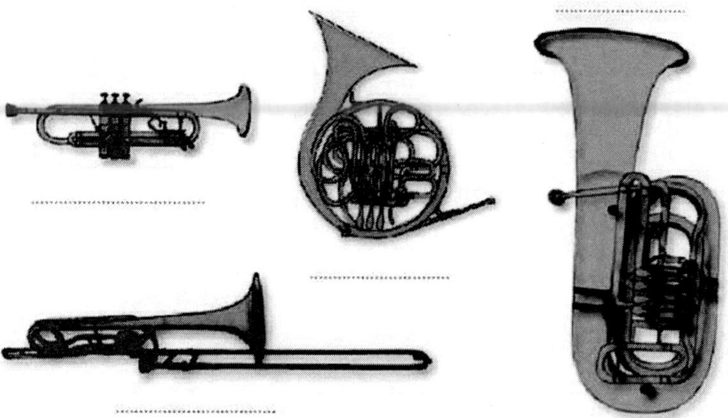

2

Imágenes de instrumentos de Worksheets de ejemplo de Sibelius 7 (http://www.sibelius.com)

97

13 ANÁLISIS SCHENKERIANO

Una de las pruebas de fuego de un editor de partituras potente es la edición de notación no convencional y gráficos analíticos. El análisis Schenkeriano es una de esas cosas reservadas al conocimiento avanzado del editor de partituras y que pone a prueba sus capacidades. Hay que reconocer que no es tan fácil en MuseScore, pero no es imposible. Veamos algunos trucos para conseguirlo.

Ejemplo 1:

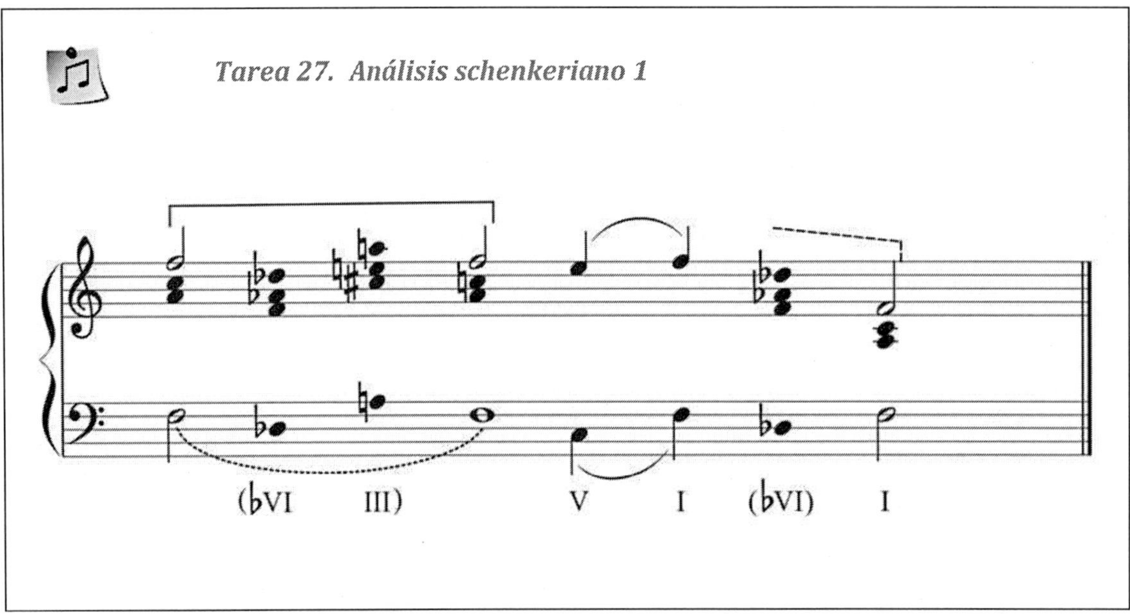

1. Crear un compás de 8 por 4 para incluir todas las figuras. (En cada caso conviene sumar la duración de las notas reales que se van a incluir.)
2. Editar todas las notas como negras.
3. Hacer clic derecho sobre las cabezas de notas blancas y pulsar elegir la opción **Hacer invisible**. (Otra posibilidad es insertar las cabezas blancas como voz 1 y los negras como 2 y ocultar los silencios)
4. Clic derecho (haciendo multiselección con Ctrl+clic izquierdo) de las plicas, después **clic derecho** y elegir de nuevo **Hacer invisible**. Así obtenemos las cabezas sin plicas.
5. La ligadura punteada es una ligadura normal que después se modifica haciendo clic derecho sobre ella y eligiendo **Propiedades de la ligadura>Punteada**.

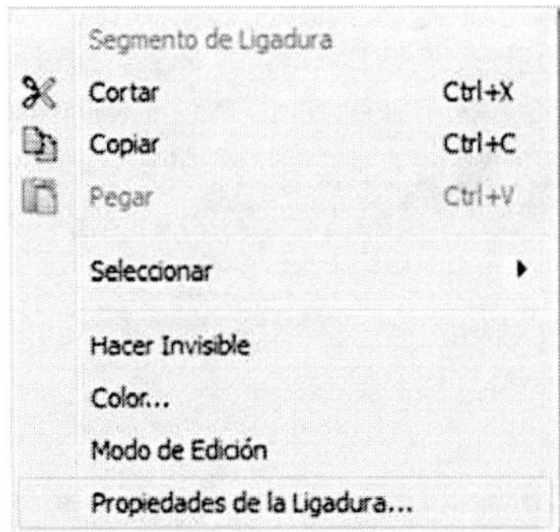

6. Para la línea con gancho se crea una línea normal arrastrando desde el panel **Líneas**. Se arrastra a la primera nota que queramos que cubra hasta que se ponga roja y entonces

soltamos. Una vez creada estiramos hasta donde debe llegar. Hacemos **clic derecho** y elegimos **Propiedades de la línea**. En ese panel disponemos de varias opciones para darle ese aspecto a la línea.

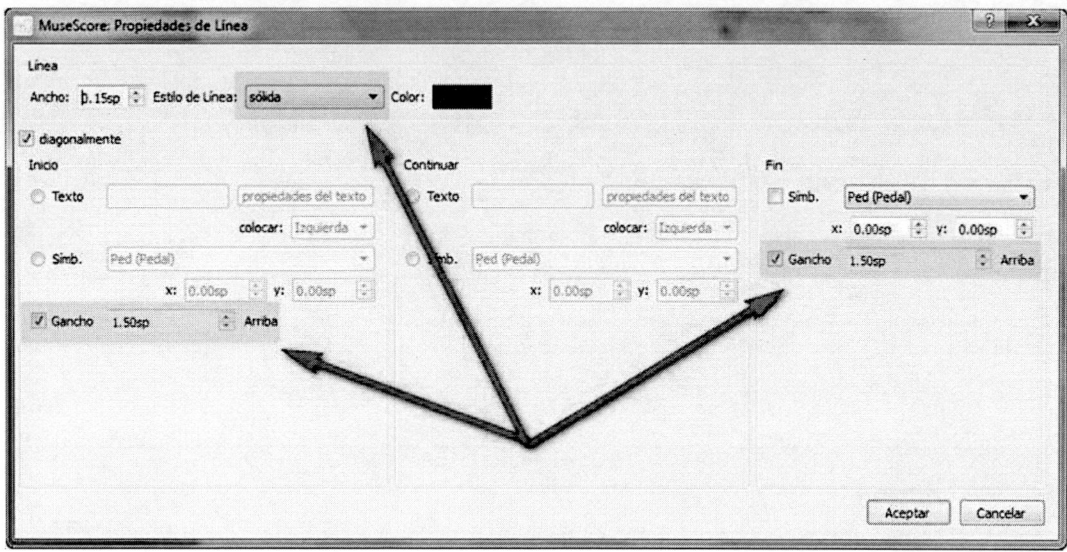

Del mismo modo podemos hacer líneas con gancho en un solo lado, punteadas, con líneas discontinuas, o cambiar el grosor y el color.

7. Para el **Texto**. Hemos optado por insertarlo como letra (Lyrics, Ctrl+L). Para crear espacio entre el paréntesis y el grado (nº romano) mantenemos pulsada la tecla Ctrl mientras pulsamos la barra de espacio varias veces. Para el símbolo del bemol pulsamos el icono del teclado en el panel de edición de texto y elegimos allí el símbolo correspondiente.

99

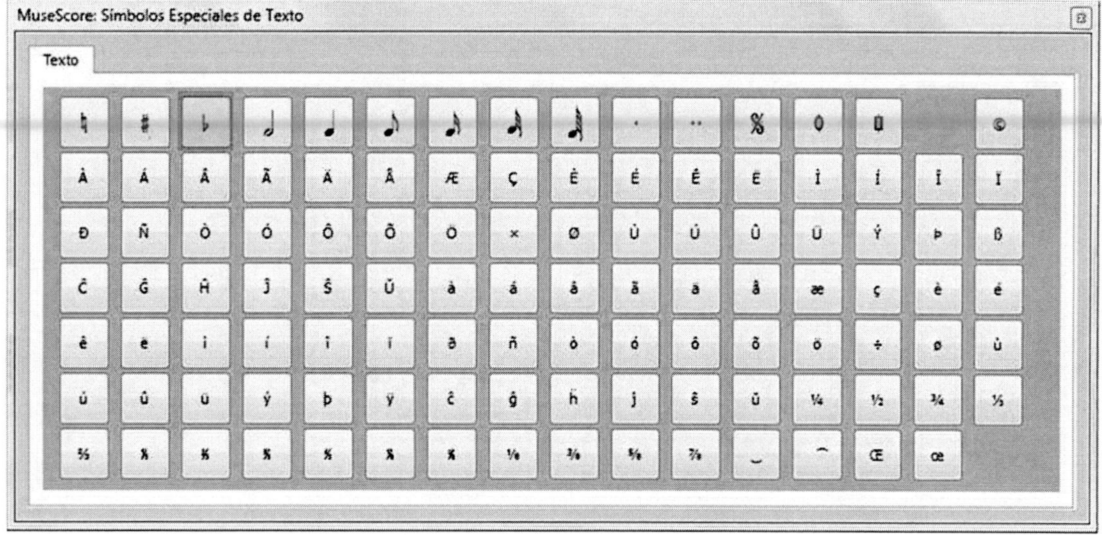

Otra forma de notación habitual en este tipo de análisis son los barrados de corcheas.

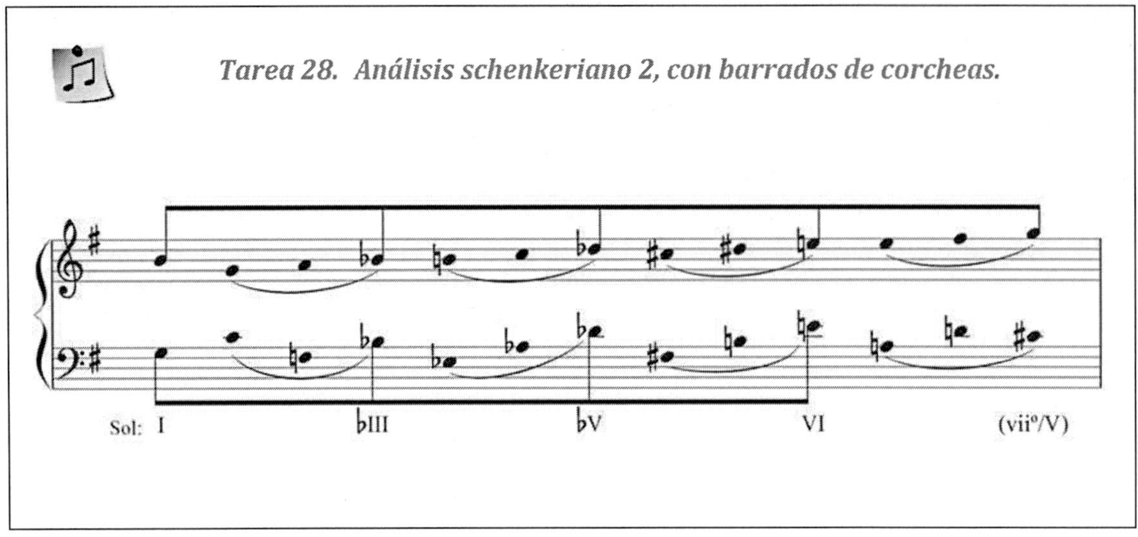

Este caso es más sencillo pues basta seleccionar todas las plicas y ocultarlas. Luego simplemente invertir (seleccionar y pulsar X) las ligaduras de la clave de fa y arrastrar los inicios y finales para ajustarlas dentro del barrado. Basta hacer doble clic para ver los puntos de arrastre.

100

Todo se puede ampliar añadiendo gráficos **.svg** a la partitura.

Si necesitamos insertar cabezas de nota blancas hacemos clic sobre la nota afectada, **Ctrl+clic** para selecciones múltiples alternas, **ocultamos la nota** y en el panel de símbolos (**Z**) arrastramos la cabeza de nota blanca al lugar deseado.

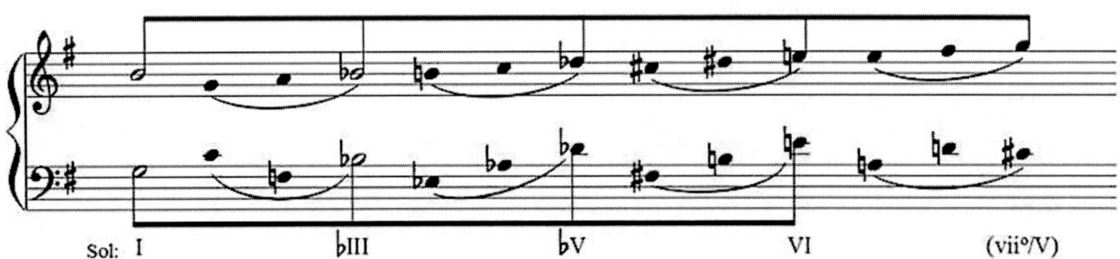

14 ANÁLISIS

Para generar trabajos consistentes en partituras con anotaciones analísticas podemos utilizar los siguientes recursos que también pueden ser enriquecidos con gráficos trasparentes .png o .svg:

- **Objetos de texto**. En propiedades podemos añadir un marco, mantener o reducir el borde circular y añadir margen entre el texto y la línea del marco. Se recomienda un ancho de línea de 0.20mm y un margen de 1.00mm, con redondear a 0.00mm.

- **Líneas**. Para añadir precisión a las anotaciones de texto se recomienda utilizar líneas del panel que unan el objeto de texto con el pasaje de la partitura. Haciendo clic derecho sobre la línea podemos modificar sus propiedades y color.

- **Marcos**. Para añadir marcos creamos un objeto de texto con un carácter pequeño, por ejemplo un punto, creamos un marco y con la barra de espacio y retorno le dimensionamos. Damos color al marco y borde de 0,20mm y coloreamos el texto de blanco. De esa manera tendremos un marco personalizado vacío para destacar objetos, lo único a tener en cuenta es que el punto quede en una zona en blanco de la partitura.

- **Círculos**. Del mismo modo que los marcos pero marcando la opción círculo. En el ejemplo marcamos Ancho 0.30mm y margen 0.10. Si alguno queremos ampliarlo utilizaremos la opción Margen para ampliarlo. En el ejemplo hemos utilizado 0.90mm para las notas con alteración.

101

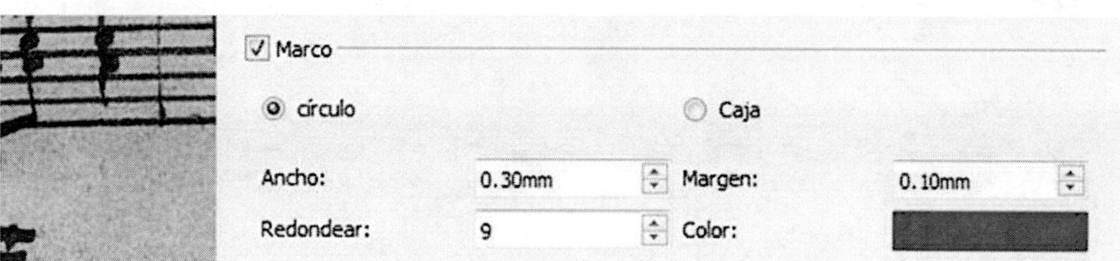

La ventaja de marcos y círculos como objetos de texto es que podremos copiar y pegar, cosa que no podremos hacer con gráficos.

- **Cifrado analítico**. Ya hemos visto en el apartado de bajo cifrado como añadir cifrados, los números romanos funcionales pueden añadirse como letra mayúscula y ajustar a la derecha el cifrado. También pueden utilizarse la opción de subíndices y superíndices para crear estos objetos de texto.

102

Concierto nº 12, Cadencia 1er movimiento
Improvisación de cadencias clásicas
Edición: Álvaro J. Buitrago 2012
http://analisismozart.blogspot.com
W. A. Mozart
Cadencia temática-armónica
Allegro
Tema pag 35
Omnibus con preguntas pag 37 y 38
legato
I
V⁶₅
I·⁴
IV⁶
♭VI₄₃
V
líneas cromáticas descendentes hacia la dominante
Material temático precadencial pag. 47
III
IV
(III)⁺²
I⁶
(VI)⁶₅
ii⁶
(II)⁷
V(⁶₄)
4ª y 6ª no resuelta en V
vi
V(⁶₄)
4ª y 6ª de nuevo no resuelta en V
movimiento oblicuo ornamental - serie de 6ªˢ
IV
II⁶₅
ornamental
Por fin suena la dominante que ha evitado durante toda la cadencia
V(⁶₄)
V⁷
I
+ ORQUESTA.... y ¡Tónica!

15 PLUGINS ADICIONALES

Para aumentar la capacidad de este método de trabajo podemos implementar las funciones de MuseScore con plugins adicionales que podemos encontrar en la página:

http://musescore.org/es/plugins

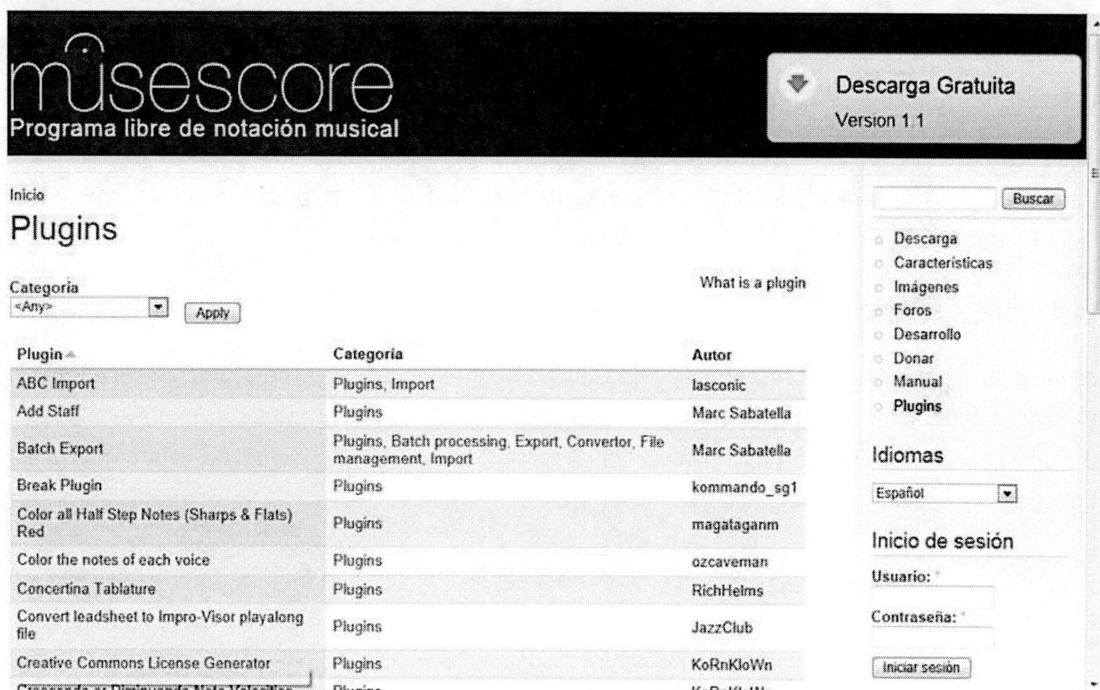

Para instalar los plugins deberemos descomprimirlos y copiarlos al directorio por defecto en cada sistema operativo:

- **Windows 7**: MuseScore busca los plugins en C:\Program Files \MuseScore\plugins en sistemas de 32 bits o en C:\Program Files (x86)\MuseScore\plugins en sistemas de 64-bits.
- En **Windows Vista** en %LOCALAPPDATA%\MusE\MuseScore\plugins
- En **Windows XP** C:\Documents and Settings\USERNAME\Local Settings\Application Data\MusE\MuseScore\plugins.
- **MacOS X**. /Applications/MuseScore.app/Contents/Resources/plugins y en ~/Library/Application Support/MusE/MuseScore/plugins.
- **Linux**. /usr/local/share/mscore-1.0/plugins o en ~/.local/share/data/MusE/MuseScore/plugins. (Si tu versión es diferente a la 1.0 sustitúyelo por el nombre correcto de la versión).

103

16 Jazz LeadSheet

16.1 Slash notation

Una vez escrita la obra tendremos que cambiar las cabezas de notas a inclinadas. Para ello hacemos una **selección o selección múltiple** y en el panel Cabezas de notas hacemos **doble clic** en la cabeza buscada.

Para las notas sin plica hacemos de nuevo una selección múltiple de las negras. Sobre una de esas cabezas hacemos **clic derecho** y en el panel elegimos **Propiedades de nota>Sin plica**.

Como ayuda nos sirve el plugin de Mark Sabatella **Slash Notation Styles** que está disponible en la página de descargas de plugins de MuseScore.

http://musescore.org/en/project/slash

Con este plugin se puede transformar cualquier fragmento a notación Slash, pero además puede cambiar solo una voz. Lo mejor entonces es crear los compases que llevan doble notación con la notación normal en voz 2 y la notación para Slash en la voz 1. Entonces aplicar el plugin en ese pasaje eligiendo las opciones **Accent** y **Voice 1.**

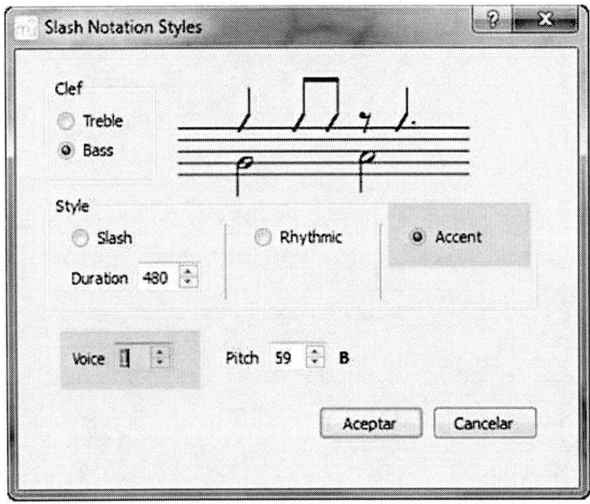

Las opciones de estilo (Style) se refieren a:

- **Slash**: barras inclinadas sin plicas.
- **Rhythmic**: barras inclinadas con plicas que indican el ritmo del pasaje.
- **Accent**: barras inclinadas combinadas con notación estándar.

Otra opción alternativa para controlar mejor el espacio y facilitar la notación es crear un pentagrama extra sin línea para escribir esta notación. Una vez creado el pentagrama vamos a opciones y reducimos el número de **líneas a 1**, marcamos **Invisible** y **Pequeño**.

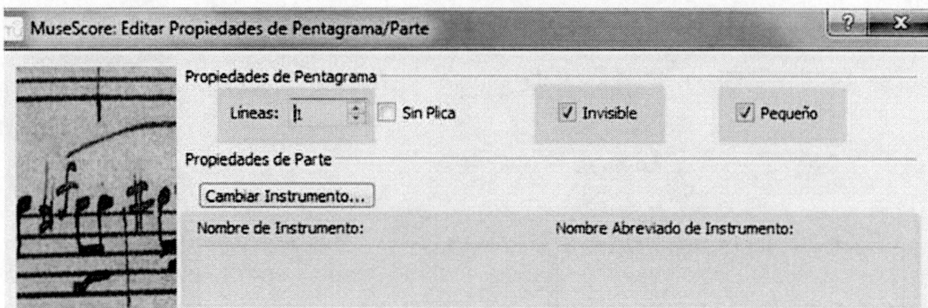

Ahora nos queda escribir la notación pasarla a slash con el plugin o de manera manual y ocultar los elementos del pentagrama que no queremos ver:

y lo mismo con los silencios de compás no deseados.

16.2 Añadir cifrado armónico

Para añadir el cifrado armónico seleccionamos la primera nota y pulsamos el atajo **Ctrl+K** y escribimos el acorde sin mayúsculas **f9sus**, el programa al pulsar la barra de espacio formateará el cifrado del acorde adecuadamente y esto nos permitirá ir más rápido.

105

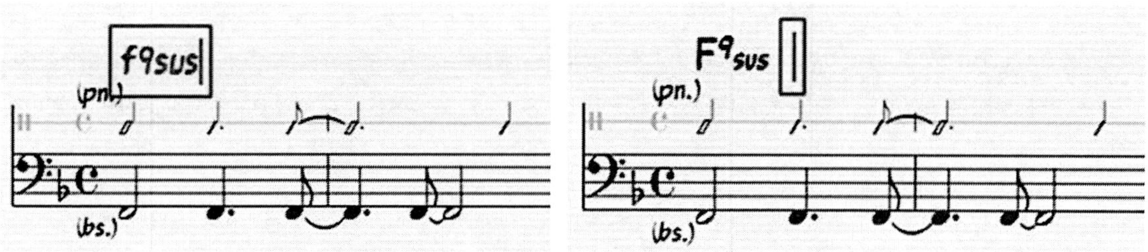

16.3 Formatear la partitura

Para crear el aspecto tradicional de este tipo de partituras tenemos que ocultar claves y armaduras después del primer sistema. Para ello vamos a **Estilo>Editar estilo general>Página** y <u>desmarcamos</u> **Crear Clave en Todos los Sistemas, Crear Tonalidad para Todos los Sistemas.**

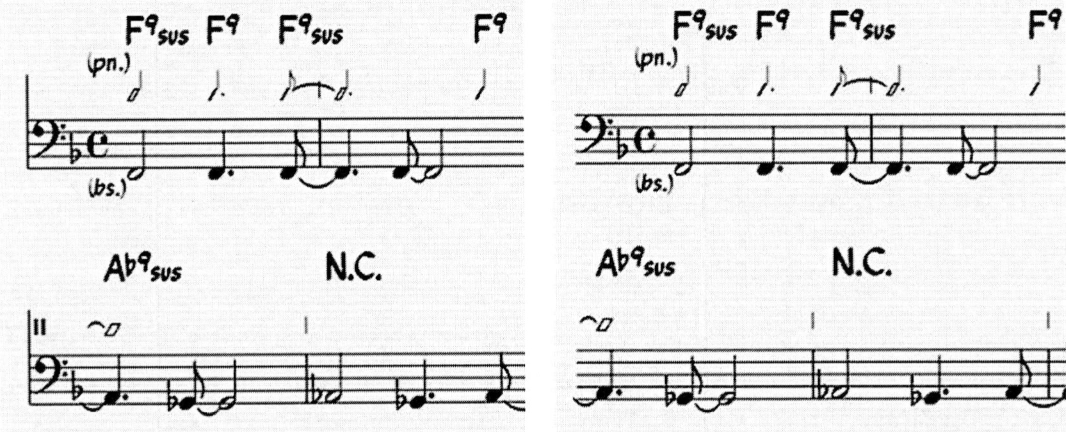

También en **Barras de compás**, <u>desmarcamos</u> **Barra de Compás al inicio de múltiples pentagramas**.

106

En algunos casos la acumulación de cifrados hace que se superpongan. MuseScore no tiene la opción de aumentar automáticamente el espaciado ni de escribir los cifrados de inversiones de manera superpuesta y no lineal. Por ello tendremos que trabajar de manera manual el espaciado para evitar superposiciones, o aumentar la frecuencia de los saltos de sistema.

16.4 Cifrados fraccionarios

Una solución para hacer la partitura más legible es crear cifrados fraccionarios en los acordes cuyo bajo no es la fundamental. De este modo no se nos acumularán los textos y se diferenciará mejor del siguiente acorde.

MuseScore no dispone de una opción automática para ello, así que tendremos que hacerlo manualmente. Básicamente consiste en crear 3 cifrados para cada acorde:

1. Creamos el cifrado (**Ctrl+K**) para el bajo y lo arrastramos hacia abajo para que no se superponga al siguiente (ahora da igual si está bien colocado, luego lo alinearemos)
2. Creamos un nuevo cifrado para la línea oblicua y en Propiedades de texto le hacemos cursiva para que tenga mejor aspecto. De nuevo le arrastramos a una zona libre para colocarla después del siguiente paso.
3. Creamos el cifrado del acorde.

Una vez tenemos las tres líneas procedemos a colocar el barrado y el bajo en una posición adecuada.

Para ahorrar trabajo en los siguientes apartamos el cifrado principal y copiamos (por desgracia MuseScore no permite copiar varios objetos a la vez) las barras y los bajos a cada una de las notas que necesiten ese cifrado. <u>Solo líneas y bajos</u> para que queden todos en la misma posición y alineados. Volvemos al cifrado original y restablecemos su posición con **Ctrl+R**. Cambiamos ahora los cifrados de bajo que sean necesarios y creamos el cifrado principal con **Ctrl+K**. Es algo más de trabajo pero la partitura tendrá un aspecto más adecuado al estilo:

107

16.5 Líneas personalizadas

Podemos crear líneas para los rellenos y solos al final de frase utilizando una línea predeterminada del panel de líneas y modificándola.

Creamos la línea en el lugar deseado (por ejemplo de 8va) y haciendo clic derecho elegimos **Propiedades de la línea…** En la columna de la izquierda cambiamos en el cuadro **Texto** 8va por *drum fill* (o el que necesitemos en cada caso) y pulsamos el botón **Propiedades del texto**. Nos interesa en este caso tener un estilo de texto homogéneo al de la partitura y cambiamos la fuente a *MuseJazz*, <u>desactivando la cursiva</u>. Al volver a la partitura haciendo **doble clic** sobre ella veremos los **puntos de arrastre** para ajustarla perfectamente al pasaje. (Por desgracia otra de las limitaciones de MuseScore es que no se pueden copiar las líneas así que habrá que repetir varias veces el mismo proceso)

Theme (Rhythm Section)

109

Gbmaj7
Ab7
Ab9
Cbmaj7
Db
Db9
C9
Bb9
A13
Ab13
G13
Gb13
(bs. walks)
F9
Eb9
F9
B
(bs. walks)
f
F#mi9
B9
Fmi9
E9
E9sus
(gtr. sounds 8va b.)
Ebmi9
D9
Db9sus
C bass
C7(b5)
(gtr.)
f
Bb9
C7b9
F9
(bs.)
(fine)
2

16.6 Material complementario para la interpretación de obras de Jazz

Observa el uso de marcos, cambios de sistema, objetos ocultos, cifrados fraccionarios,…

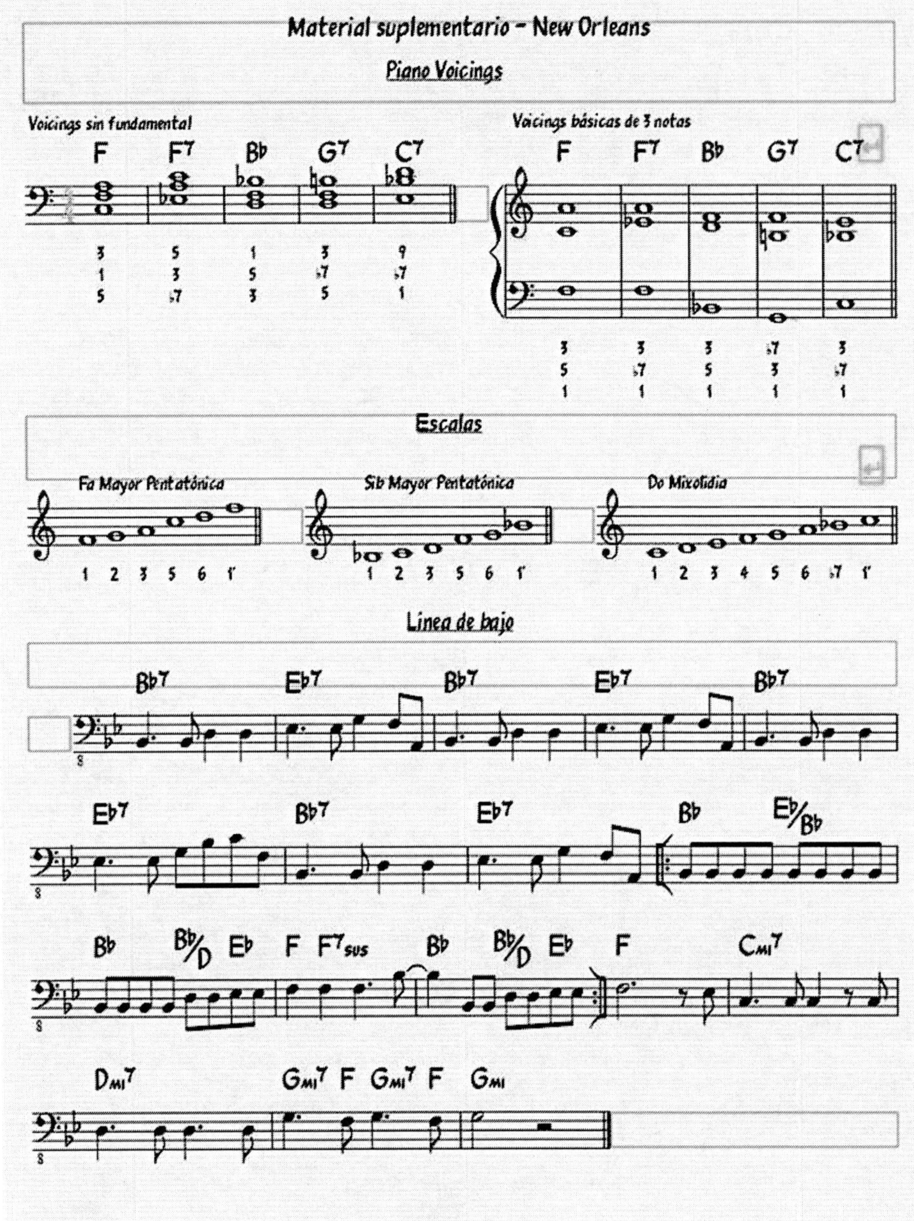

16.7 Para aprender más sobre notación de jazz

Para ampliar información sobre la creación de lead sheets de jazz con MuseScore existen dos magníficos tutoriales de Mark Sabatella.

http://musescore.org/en/node/11723

http://musescore.org/en/node/11726

Resultado final:

17 UN CUADERNO DE IDEAS PARA COMPONER

Una de las ventajas de MuseScore sobre otros editores de partituras es que permite tener los documentos abiertos en la misma ventana organizados por pestañas.

Esa es una ventaja que nos permite usar métodos de trabajo de cara a la composición que nos permiten usar documentos "en sucio" para desarrollar procedimientos de composición que luego podemos trasladar a nuestra partitura "en limpio".

Además de anotar en él ideas, motivos, frases, armonías, escalas, series,…, nos permite hacer operaciones con dichos elementos como inversiones, retrogradaciones, transportes, aumentaciones,… para pasarlas a limpio en la partitura general.

Evidentemente todo esto puede hacerse a la manera tradicional con lápiz y papel, pero MuseScore nos permite probarlo, oírlo y copiarlo tantas veces como sea necesario para construir nuestra composición final y utilizarlo en nuevas composiciones. También nos facilita tener un seguimiento de nuestro proceso creativo teniendo un documento resumen del mismo.

17.1 Vista de documentos adyacentes

El sistema de pestañas de MuseScore nos permite tener abiertos varios documentos en una misma ventana pudiendo cambiar de uno a otro simplemente pulsando en las pestañas. Es la manera en que funcionan muchos navegadores web actuales. Además de ser un sistema muy cómodo es muy útil a la hora de trabajar con borradores para una composición final. Nos permite tener la partitura de anotaciones en un documento y la partitura final en otro de manera que con las funciones de copiar y pegar podemos ir aprovechando el material del borrador para montar la obra final.

Para ello crearemos dos documentos, por ejemplo "Composición 1 cuaderno de ideas" y "Composición 1". Si se trata de una composición no tienen por qué tener el mismo número de instrumentos, el cuaderno puede ser sencillo con uno o dos pentagramas y la partitura de la composición una plantilla orquestal.

A continuación veremos algunos ejemplos sencillos del uso de estas dos ideas.

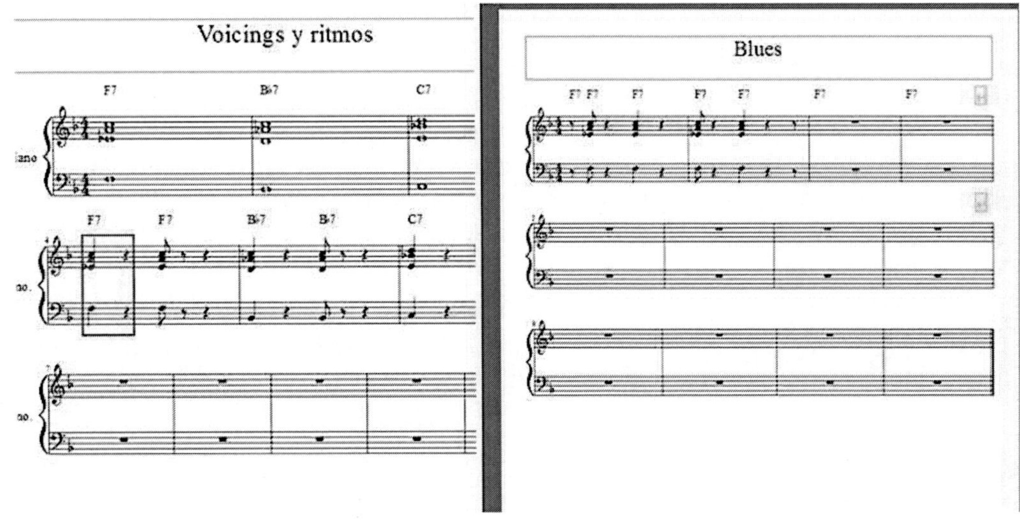

17.2 Escribir un Blues

En el cuaderno de ideas podemos plantear las *voicings* (armonizaciones o formas de tocar el acorde) y sus valores para luego combinarlos rítmicamente en la partitura general.

Si buscas más información sobre los recursos de estilo de este género musical podrás encontrar más información en http://musescoretutotirales.blogspot.com

Crea las armonías, los ritmos, las ideas melódicas, etc. en un cuaderno de ideas que luego podrás visualizar como documento adyacente para copiar y pegar en la partitura final (ver apartado anterior)

Tarea 31. Composición 1. Blues

Escribe un patrón de acompañamiento pianístico para un blues de 12 compases en FA Mayor según la siguiente plantilla. Inventa una melodía basada en el patrón rítmico repetido de 2 compases y la escala de blues de fam.

| I7 | IV7 | I7 | I7 |

| IV7 | IV7 | I7 | I7 |

| V7 | IV7 | I7 | V7 |

Ritmo de ejemplo para motivo melódico isorrítmico

Escala fam Blues.

Podrás encontrar más detalles sobre aspectos de esta edición en
http://musescoretutoriales.blogspot.com

113

17.2.1 Aspecto del cifrado de acordes.

*Si quieres dar a los acordes de cifrado un aspecto más adecuado puedes cambiar el estilo de texto en **Estilo>Editar Estilo>Nombres de acorde**. Cambiar el Archivo de descripción de acordes a **jazzchords.xml**. También puedes editar los estilos de texto para darle una maquetación más adecuada a la práctica en este estilo de música.*

Haciendo clic derecho sobre los nombres de los acordes accedemos al panel de Propiedades de armonía para editar aspectos avanzados del acorde.

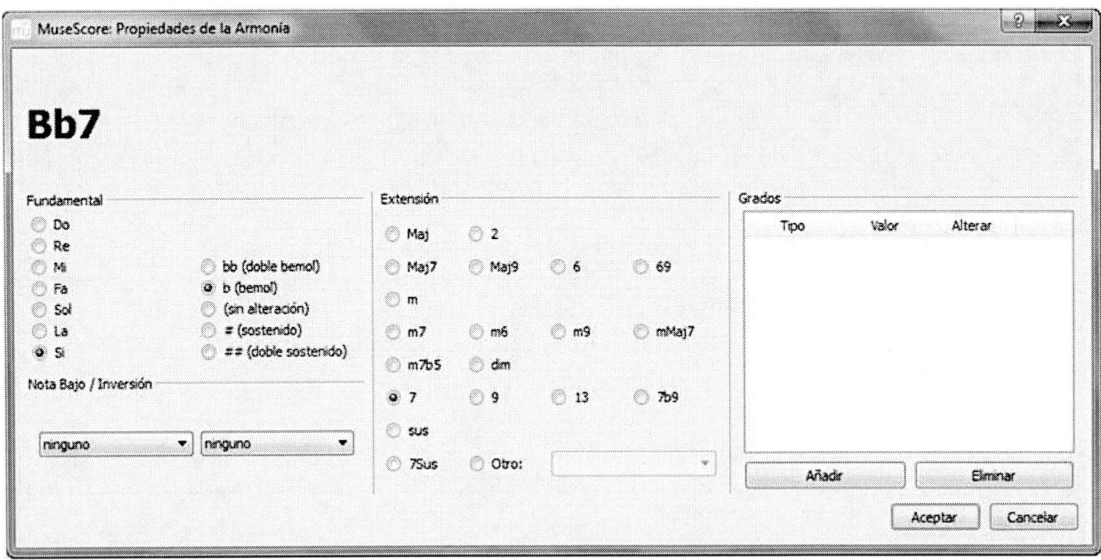

17.2.2 Partitura con o sin trasposición.

Recuerda que si utilizas un instrumento traspositor para alguna de las partes podrás trabajar sobre el guion en do con el botón **Tono de concierto** pulsado, o generar el guion con los instrumentos trasportados desactivando dicho botón.

Lo más usual y recomendable es generar la partitura final de manera que los instrumentos traspositores aparezcan con las notas que tocan y leen en su partitura, aunque se elija la opción de trabajar en Tono de concierto por comodidad.

Tarea 32. (1) *Blues para solista y piano.(Partitura en do)*

115

Podrás encontrar más detalles sobre aspectos de esta composición en
http://musescoretutoriales.blogspot.com

Tarea 32. (2) *Blues para solista y piano. (Partitura transportada)*

116

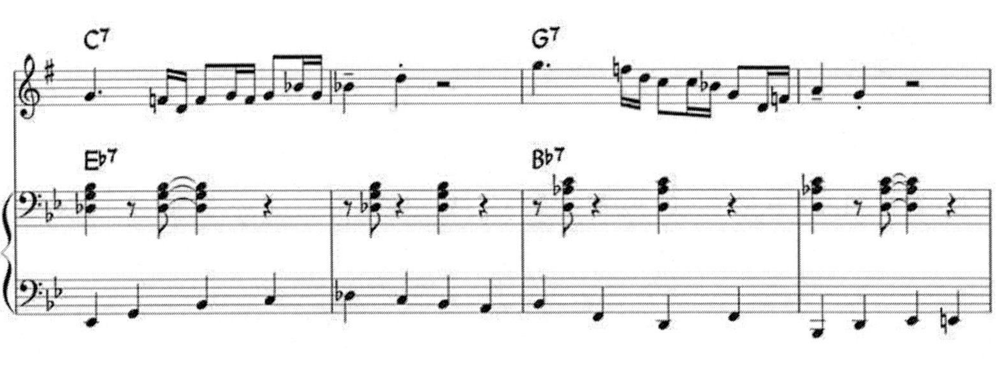

Podrás encontrar más detalles sobre aspectos de esta composición en
http://musescoretutoriales.blogspot.com

17.3 Armonía y contrapunto a 4 partes

Cuando se está trabajando en un ejercicio de armonía, contrapunto o composición es útil poder moverse por voces, pentagramas y sistemas para escribir estructuras de verticales acordes o contrapuntos. Para ello utilizamos atajos de teclado que nos permiten prescindir del ratón y movernos con agilidad. En este tipo de trabajos se distribuyen las 4 voces armónicas en dos pentagramas.

El esquema de voces es el siguiente:

<u>Clave de Sol</u>	Soprano	***Voz1** (plica hacia arriba)*
	Contralto	***Voz2** (plica hacia abajo)*
<u>Clave de Fa</u>	Tenor	***Voz1** (plica hacia arriba)*
	Bajo	***Voz2** (plica hacia abajo)*

Aunque las voces sean 4 solo hay dos por pentagrama por **ello siempre utilizaremos la voz 1 y la 2 para evitar problemas**. MuseScore ajusta automáticamente las plicas en la dirección correcta si respetamos el anterior esquema de voces.

17.3.1 Moverse por pentagramas y voces rápidamente.

Alt+flecha arriba o abajo nos permite movernos verticalmente por las voces y los pentagramas.

Flecha derecha o izquierda nos permite desplazarnos por las notas de una voz o pentagrama.

Tarea 33. Composición 2. Ejercicios a 4 partes armónicas
Escribe tu propio fragmento de armonía a 4 partes de acuerdo a lo explicado anteriormente. Practica especialmente el modo de moverse por las voces armónicas mediante atajos de teclado.

17.4 Arreglos y reducciones con Implode y Explode

Estos dos útiles plugins nos servirán para:

- **Explode** (Explosionar) Distribuir notas de acordes en instrumentos/voces independientes. De un solo acorde escrito obtenemos la línea melódica de cada parte.

A partir del pasaje anterior crear un nuevo instrumento (Crear>Instrumentos, atajo **I**) y copiar en él la parte superior (en este caso violín I).

Ahora seleccionamos todo el pasaje y aplicamos el plugin *Implode* descargado de la página http://musescore.org/en/project/plode. Obtenemos como resultado tener todos los acordes escritos en el pentagrama nombrado como Acordes en el ejemplo:

Si quisiéramos obtener una reducción para piano utilizaremos el plugin Implode solo con las tres partes superiores y copiamos al pentagrama de la mano izquierda la parte del violoncelo.

119

- **<u>Implode</u>** (Implosionar) Hace el trabajo contrario. A partir de la escritura de una sección instrumental obtenemos su escritura en acordes. Esto es muy útil para hacer reducciones para piano o esquemas armónicos para analizar.

Partiendo de la escritura de las cuatro partes que podemos introducir nota a nota o grabando con un teclado MIDI, expandimos las notas a la sección de cuerda. El primer paso es copiar el contenido de la parte Acordes a todas las demás.

Luego seleccionamos las 4 partes de la sección de cuerda y aplicamos el plugin **Explode**.

Ahora podemos borrar el pentagrama Acordes del ejemplo para tener nuestra partitura para cuarteto.

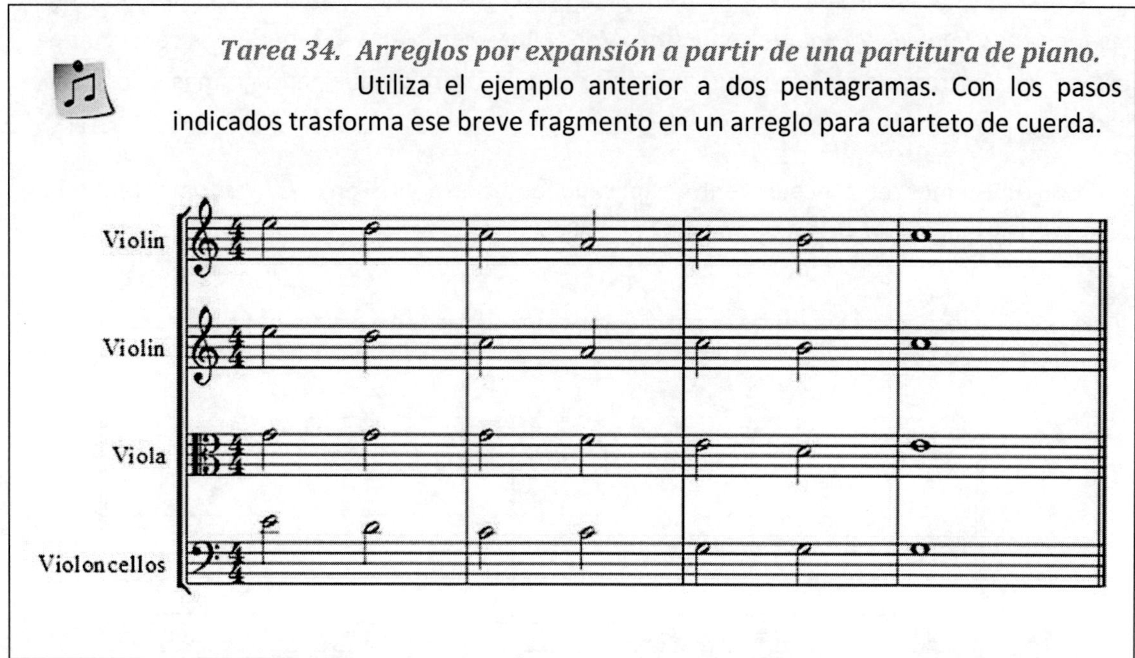

Tarea 34. ***Arreglos por expansión a partir de una partitura de piano.*** Utiliza el ejemplo anterior a dos pentagramas. Con los pasos indicados trasforma ese breve fragmento en un arreglo para cuarteto de cuerda.

Sin embargo estos plugins tienen actualmente limitaciones:

1. Todos los instrumentos tienen que tener el mismo ritmo. (Aunque no todas las notas la misma duración)
2. Todos los acordes deben tener el mismo número de notas. (Si en algunos momentos no necesitamos 4 instrumentos podemos incluir notas falsas para luego borrarlas)

Con un poco de imaginación es posible superar estas limitaciones modificando la escritura obtenida de estos procedimientos. Por ejemplo escribiendo los acordes de un coral sin notas de adorno y después de aplicar Explode, cambiar la duración de las notas necesarias y añadir las notas de adorno (paso, apoyatura, floreo,...)

121

17.4.1 *Separar notas de acordes en voces.*

A la hora de avanzar rápidamente en la escritura de una partitura, por ejemplo de tipo coral u homofónica, es útil utilizar el teclado MIDI para pulsar los acordes y su duración. Combinando las funciones *Implode* y *Explode* con **Editar>Voces>Intercambiar 1 y 2**, podemos conseguir de esa primera escritura de la estructura armónica una partitura en dos pentagramas a dos voces cada uno.

Primero utilizamos el procedimiento explicado anteriormente en *Explode* para tener los acordes distribuidos en 4 pentagramas. (2 de Sol y 2 de Fa)

122

Seleccionamos el pentagrama a2 y utilizamos **Editar>Voces>Intercambiar Voces 1-2**. Repetimos el procedimiento con el pentagrama b2.

Y ahora seleccionamos el pentagrama a1 para pegarlo en a2. Si hiciéramos lo contrario los silencios de la voz 1 se pegarían en el pentagrama superior borrando las notas. Repetimos lo mismo con b1 y b2.

Así tenemos en Voz a2 y Voz b2 la distribución en 2 pentagramas de los acordes introducidos. Esto nos permite componer secuencias de acordes para luego distribuir su escritura en secciones instrumentales o reducciones de 4 voces en dos pentagramas.

Borrando los pentagramas (Crear>Instrumentos, seleccionar el instrumento y pulsar Quitar) Acordes, Voz a1 y Voz b2 de nuestro ejemplo tenemos la escritura buscada que podemos copiar y pegar en un pentagrama de teclado.

123

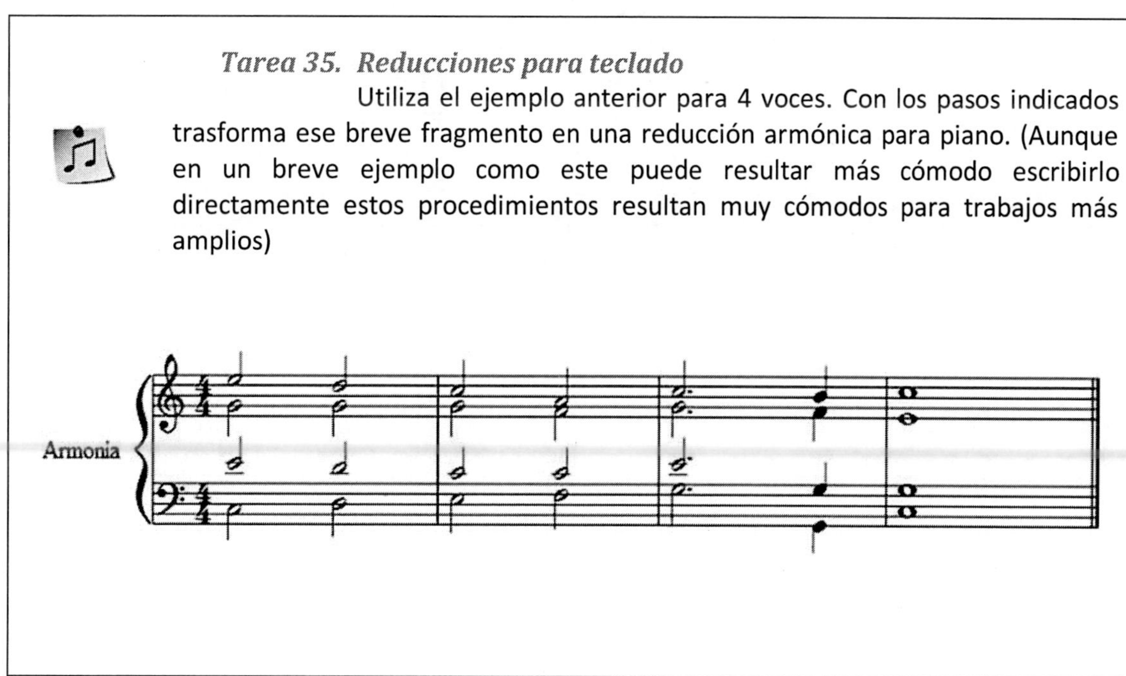

17.5 Ritmos no retrogradables.

Un procedimiento utilizado por O. Messiaen es el del ritmo no retrogradable. Con MuseScore podemos usar un documento como cuaderno de apuntes para obtener nuestros ritmos no retrogradables usando el plugin *Retrograde selection*.

Los ritmos pueden ser de dos tipos:

- Comparten la figura central.
- No comparten la figura central.

Si escribimos la primera parte del ritmo:

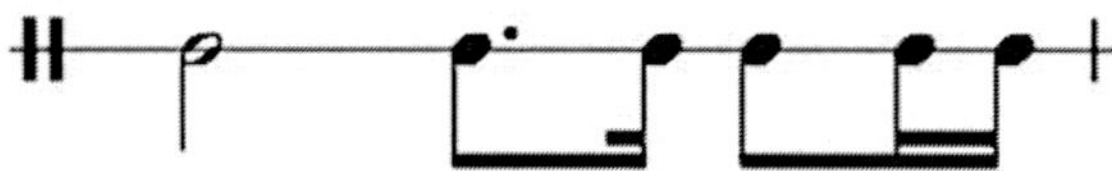

Aplicamos el plugin y pegamos ya tenemos nuestro ritmo no retrogradable sin figura común.

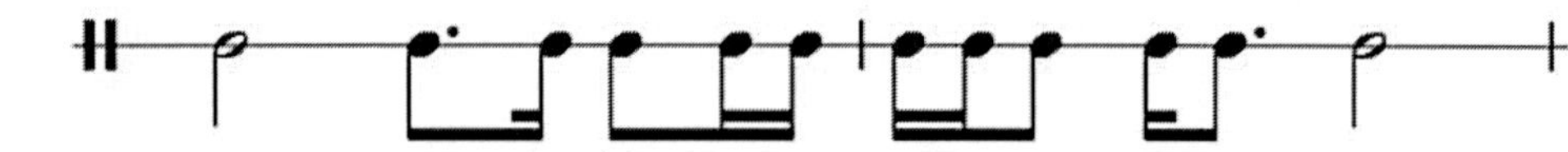

124

Ahora basta copiar y pegar en un pentagrama para reescribir las notas en nuestra composición.

También podemos experimentar con melodías no retrogradables (melódica y rítmicamente)

17.6 Música serial

Podemos usar de nuevo una partitura en sucio o como cuaderno de partituras para trabajos de preparación de obras seriales por ejemplo.

Una forma de plantear una serie dodecafónica es elegir una nota como inicial (da lo mismo cual, luego podemos transportarla) y repetirla 12 veces. Numeramos con texto letra (Ctrl+L) del 0 al 11 y vamos añadiendo notas siguiendo la escala cromática. El número inferior indica la cantidad de semitonos del intervalo armónico resultante (Alt+ nº intervalo y alteración necesaria).

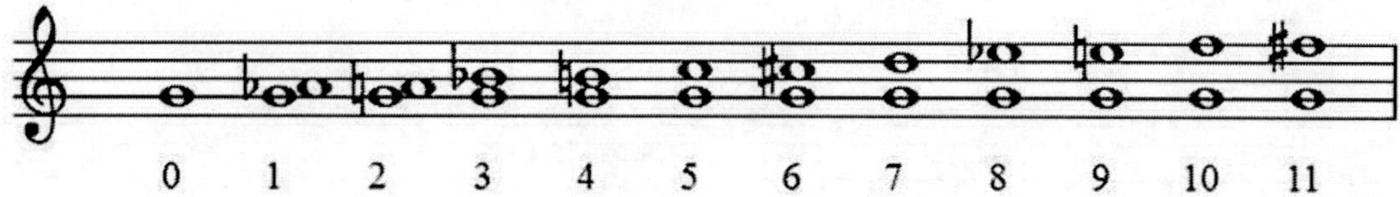

Una vez construida esta escala cromática sobre el sonido elegido, vamos cortando y pegando en un nuevo compás para crear nuestra serie dodecafónica sin repeticiones. Para seleccionar **May+clic** (tiene que verse el recuadro azul) sobre el acorde deseado y pegar en el compás para hacer la serie.

Para calcular las transformaciones de la serie puede utilizarse una hoja de cálculo o páginas web que nos devuelven el resultado de manera numérica. Simplemente copiando y pegando de nuestra escala original tendremos la escritura de esa forma de la serie.

125

http://composertools.com/Tools/matrix/MatrixCalc.html

(no confundir en este caso el sistema de numeración del orden de las notas con su cantidad de semitonos desde la nota de referencia)

http://www.musictheory.net/utilities/html/id98_en.html

En nuestro ejemplo vamos a utilizar esta de la sinfonía op.21 de Webern:

0	9	10	11	7	8	2	1	5	4	3	6

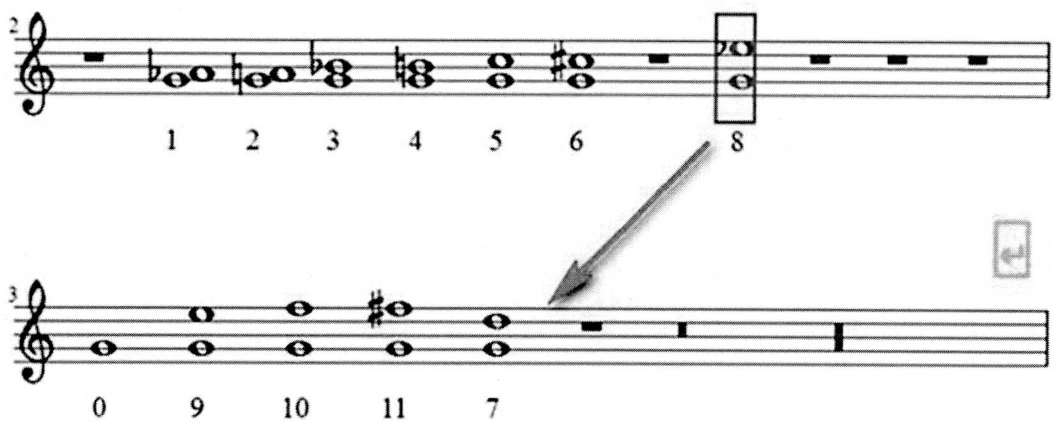

Y este es el resultado con toda la serie (la nota inferior es para comprobar el número de semitonos desde el sonido origen)

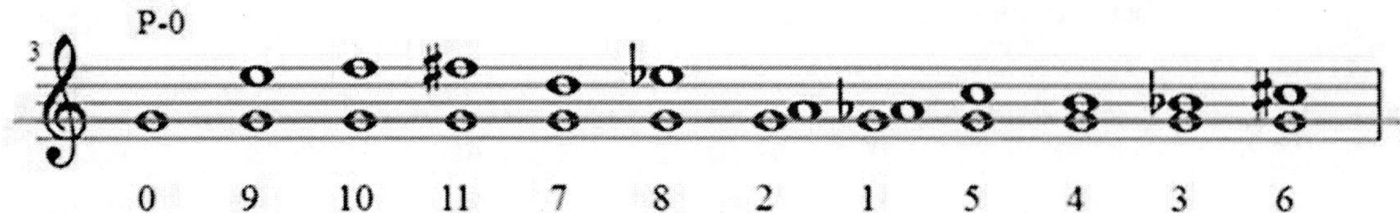

Ahora vamos a quitar la nota que nos ha servido de guía utilizando el **plugin Explode** explicado anteriormente. Creamos un nuevo pentagrama y copiamos el contenido anterior en él, para después seleccionar los dos y utilizar el plugin Explode.

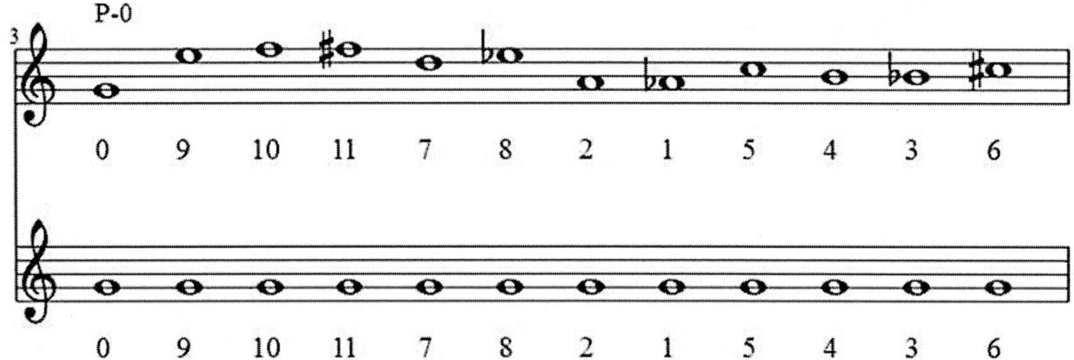

126

Al hacer esto en el pentagrama superior tenemos la serie. (Recordemos que las alturas son relativas y los sonidos pueden sonar en cualquier 8ª). Ya **solo falta borrar el instrumento creado para este proceso**.

Las operaciones básicas con la serie son la inversión (espejo) y retrogradación (leer de atrás adelante). Para la retrogradación disponemos de un plugin: **Retrograde selection** que crea una partitura nueva con la retrogradación. Copiamos el resultado y lo pegamos en la partitura original.

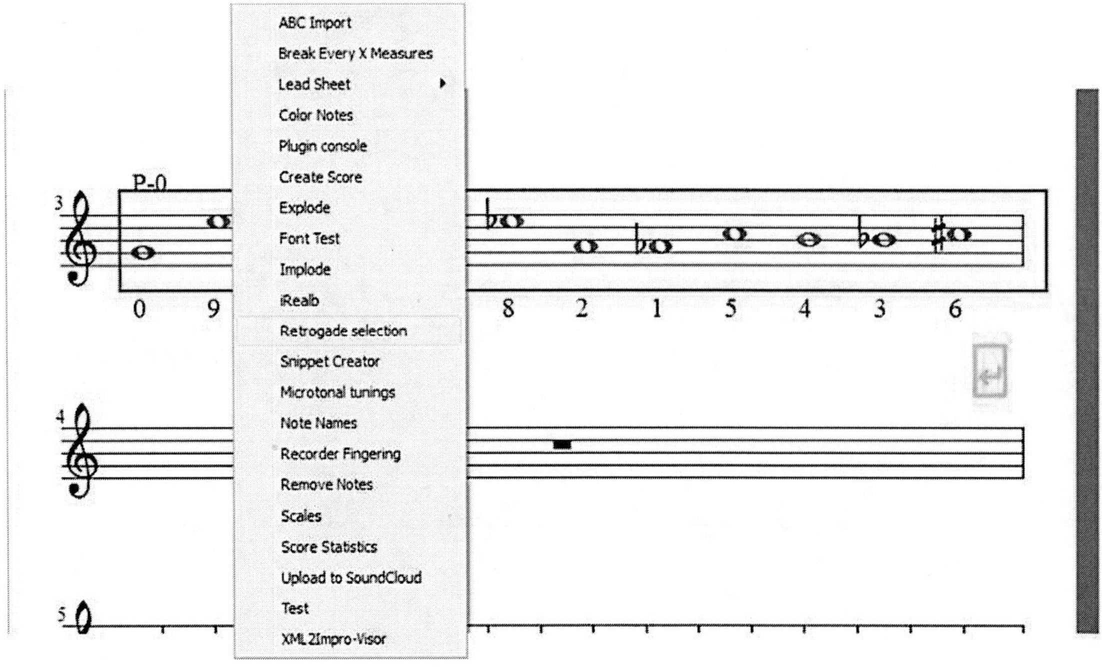

Ahora basta colocar los números en orden inverso para tenerlo completo. (Recordar que para el atonalismo y el dodecafonismo las notas enarmónicas son iguales, p.e. re#=mib, y la 8ª en las que están colocadas es siempre relativa).

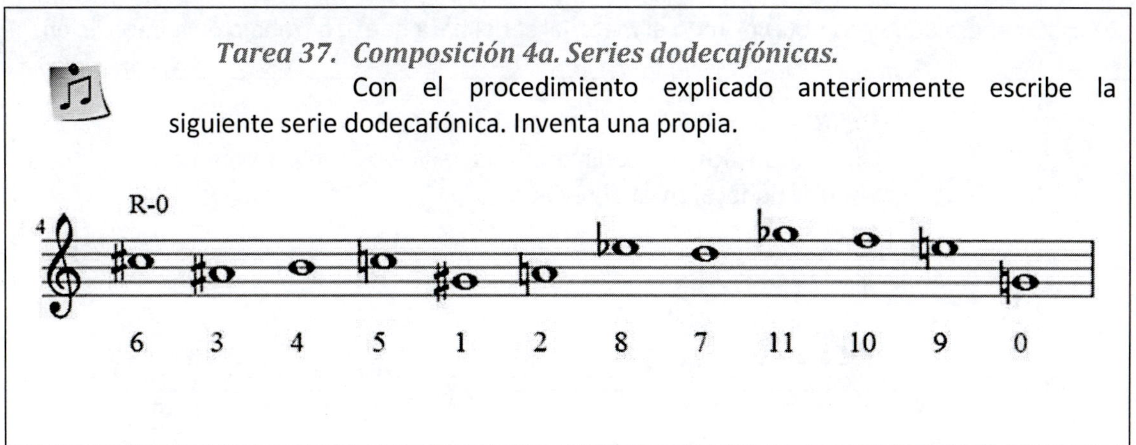

No ofrece las mismas ventajas para la inversión. Pero conociendo el procedimiento y a partir de la escala cromática inicial no es complicado conseguirlo. Para obtener la inversión aplicamos a cada sonido la ecuación: $x = 12 - n^{\circ}$ Así:

0	9	10	11	7	8	2	1	5	4	3	6
12	3	2	1	5	4	10	11	7	8	9	6

127

(Recuerda que el sonido 12 sería la 8ª que en el dodecafonismo es lo mismo que el unísono)

Así pues usando el mismo proceso de cortar y pegar podemos obtener I-0.

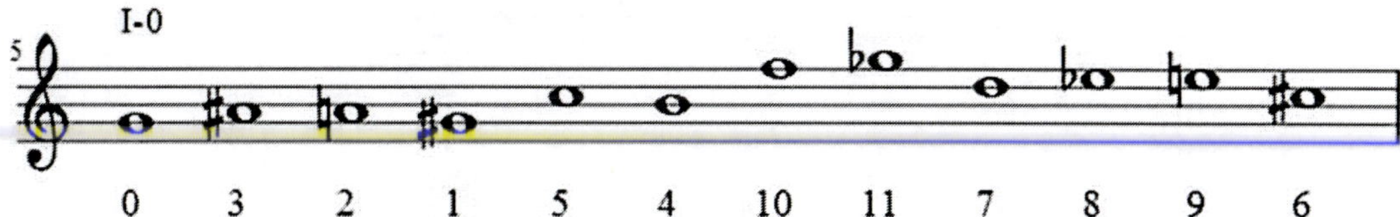

Aplicando el plugin de retrogradación obtenemos RI-6 (que podemos transportar una 4ª aumentada inferior para obtener RI-0)

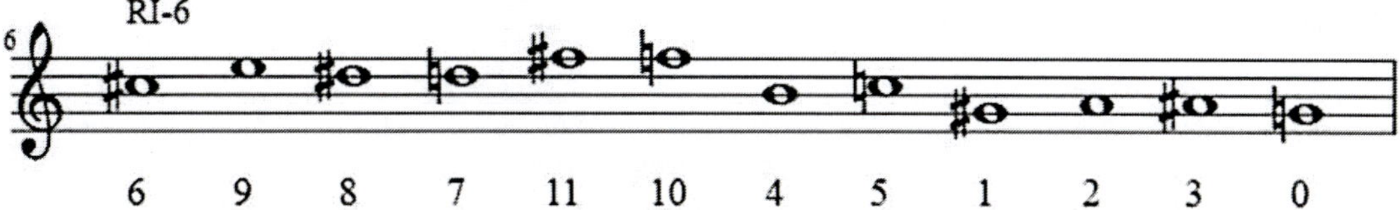

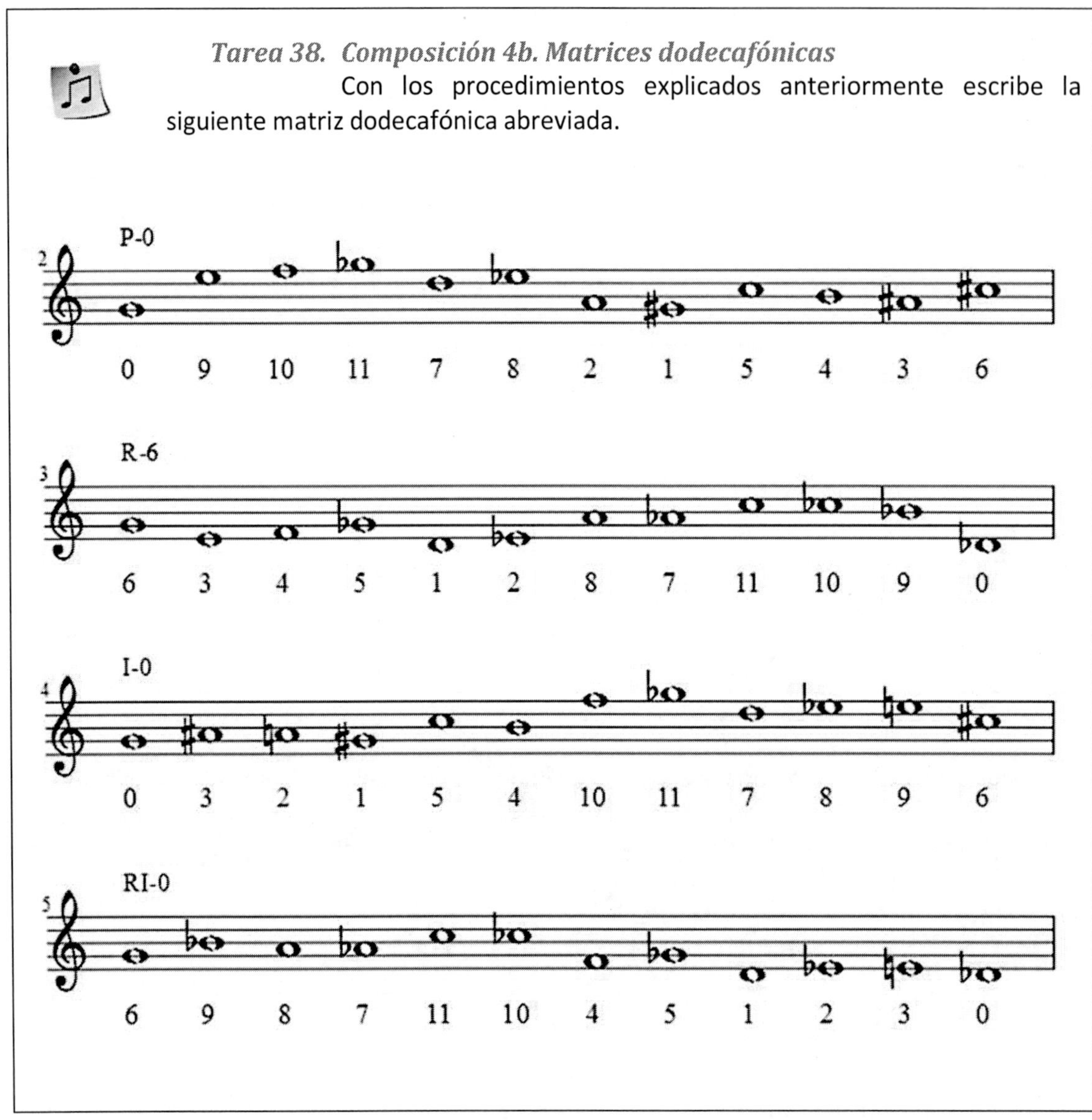

De esta manera podemos obtener todo el material serial para nuestro trabajo de composición.

Tarea 38. Composición 4b. Matrices dodecafónicas

Con los procedimientos explicados anteriormente escribe la siguiente matriz dodecafónica abreviada.

128

Del mismo modo que se hace con series dodecafónicas se puede hacer con otros materiales o incluso son ritmos para obras de serialismo integral.

Tarea 39. Composición 4c. Composición dodecafónica con cuaderno de ideas

1. **Trabajo previo en el cuaderno de ideas**: Escribe una serie dodecafónica desde la nota Sol y sus transformaciones, al menos Inversión, Retrogradación, Inversión de la Retrogradación. Explora las posibilidades de agrupación de los sonidos en 3, 4 y 6 desde el punto de vista melódico y armónico. (Recuerda que puedes separar los intervalos muy cercanos con su inversión, p.e. 2ª como 7ª en función del color que quieras para el acorde). Diseña ritmos breves de carácter motívico fuerte y cambiante para las líneas melódicas y/o acompañamientos.

2. **Composición 1**: Escribe una obra para clarinete y piano de entre 12 y 24 compases con 3 breves secciones contrastantes en las que la melodía haga uso del contraste entre las regiones sonoras de la tesitura del clarinete.

3. **Composición 2**: Escribe un dúo para clarinete y flauta planteado como un diálogo en el que los instrumentos se van alternando en su papel melódico. Como planteamiento formal puedes tomar también tres secciones, presentación, desarrollo y conclusión.

Ejemplo:

Trabajo previo con la partitura de ideas que luego se plasman en la obra final utilizando la opción **Mostrar>Documentos adyacentes**

129

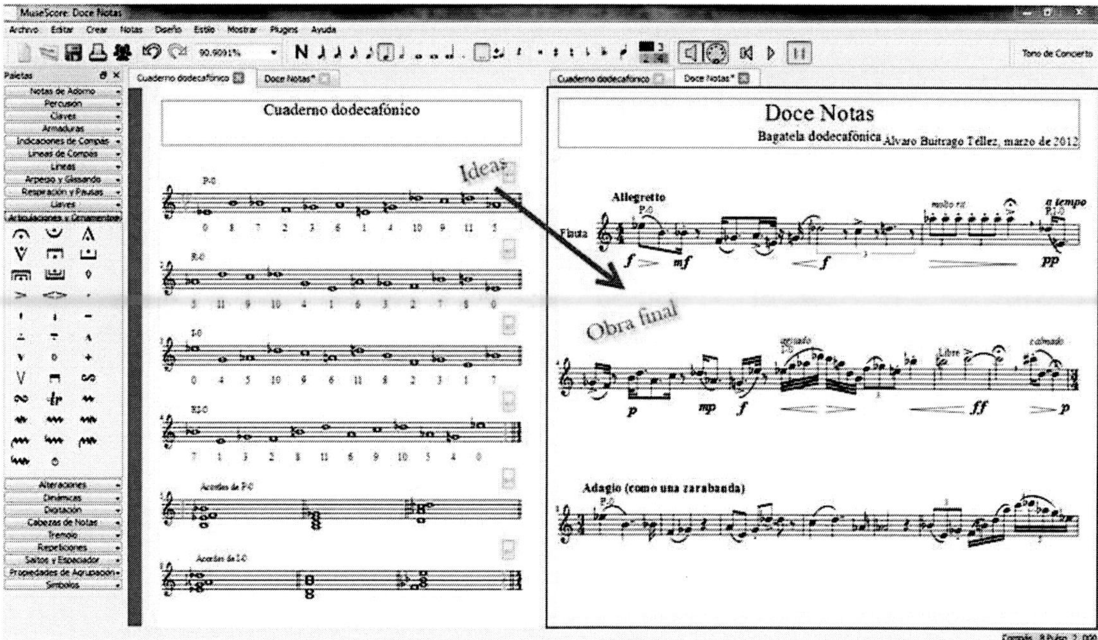

En el cuaderno de ideas previas puedo anotar todo lo referente a posibilidades para la obra, desde series, armonías, ritmos, melodías,… Así puedo utilizarlo en para tener la referencia en la obra final.

Cuaderno de ideas dodecafónico
P-0
0 8 7 2 3 6 1 4 10 9 11 5
R-0
5 11 9 10 4 1 6 3 2 7 8 0
I-0
0 4 5 10 9 6 11 8 2 3 1 7
RI-0
7 1 3 2 8 11 6 9 10 5 4 0
Acordes de P-0
Acordes de I-0
RITMO 1
RITMO 2
RITMO 3
RITMO 3
RITMO 4
RITMO 5
RITMO 6
RITMO 7

130

Tarea 40. Composición 5
Ejemplo de obra dodecafónica creada con cuaderno de ideas.

Doce Notas
Bagatela dodecafónica para flauta

Álvaro Buitrago Téllez

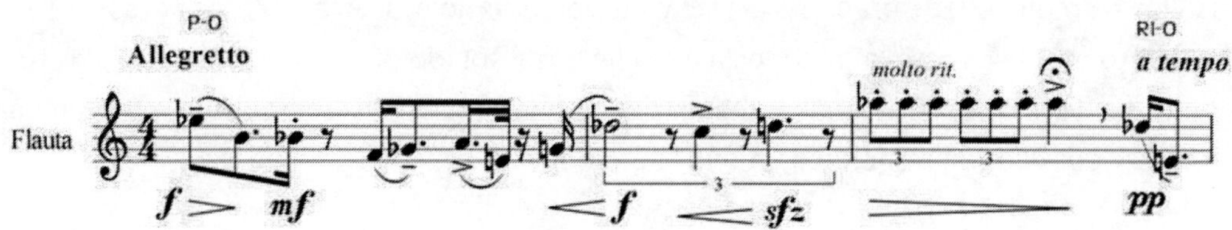

marzo de 2012

131

18 SONIDO

18.1 Mejorar el sonido de reproducción con SoundFonts

MuseScore utiliza para generar el sonido de la reproducción de las partituras un sintetizador interno basado en la tecnología SoundFont. Las fuentes de sonido son archivos que contienen grabados los sonidos de los instrumentos reales, pero que son comprimidos para ocupar menos tamaño. Es por eso que a menor tamaño del archivo .sf2 (SoundFond) menor será el realismo del sonido. Además los archivos .sf2 aprovechan un mismo sonido para diferentes notas. Por ejemplo, puede grabarse el mi3 y utilizarse como muestra para las notas entre do3 y sol3. Cuanto más lejos esté la frecuencia de la nota del sonido original mayor será la distorsión, por ello los SoundFonts de más calidad tienen más muestras reales que abarcan menos intervalos y por ello son también de mayor tamaño.

Dependiendo de la capacidad del ordenador puede sustituirse el soundfont que MuseScore incluye por defecto por otro de mayor tamaño o calidad. En internet hay posibilidad de encontrarlos a cientos, pero conviene que sean GM para que al convertir el archivo a MIDI los sonidos se conserven al abrirlos en otro ordenador o con otro programa.

El manual en línea de MuseScore incluye una ayuda sobre el uso de SoundFonts recomendando varios para mejorar el sonido del programa.

132

http://musescore.org/es/manual/soundfont

Recomienda:

- FluidR3_GM.sf2 (141 MB descomprimida)

http://www.musescore.org/download/fluid-soundfont.tar.gz

- GeneralUser_GS_1.44-FluidSynth.sf2 (29.8 MB descomprimida)

http://www.schristiancollins.com/soundfonts/GeneralUser_GS_1.44-MuseScore.zip

(Por cortesía de S. Christian Collins)

http://www.schristiancollins.com/generaluser.php

- TimGM6mb.sf2 (5.7 MB descomprimida)

http://mscore.svn.sourceforge.net/viewvc/mscore/trunk/mscore/share/sound/TimGM6mb.sf2

(Por cortesía de Tim Brechbill)

http://ocmnet.com/saxguru/Timidity.htm#sf2

Una vez descargados los archivos los descomprimimos en una carpeta del ordenador

Para cambiar el SoundFont vamos a **Mostrar>Sintetizador** En Fuente de Sonido podemos ver el archivo que reproducirá la partitura en este momento. Pulsando en el icono de la carpeta podremos acceder a otros archivos y cargarlos. (Por comodidad es recomendable tenerlos todos en la misma carpeta.) Una vez cargado podemos comprobar como los sonidos han cambiado, posiblemente a mejor.

Otro elemento que puede ayudar a mejorar la calidad de la reproducción es manejar los niveles de Reverberación (Rev) y Chorus (Cho). La capacidad de reproducir Reverberación y Coro es algo incluido en el propio SoundFont.En Windows el sonido por defecto suele tener demasiada reverberación lo que hace que suene irreal y muy tembloroso. Bajando un poco el nivel de Rev suele mejorar el sonido con el soundfound que incluye por defecto.

La capacidad de reproducir Reverberación y Coro es algo incluido en el propio SoundFont.

Si has descomprimido el archivo *General User* verás que incluye dos partituras de ejemplo para comprobar el sonido final cuando cargas este SoundFont y una plantilla con los instrumentos más usuales en la gran orquesta sinfónica para utilizarlo en el caso de escribir para este tipo de conjuntos instrumentales.

Comprueba que con los SoundFonts más grandes el ordenador no reproduce con saltos y errores y elige el más adecuado para tí. Con los SoundFonts no llegarás a la calidad de algunos samplers VSTs modernos como Garritan o Vienna, pero el sonido será bastante aceptable.

133

18.2 El mezclador y sonidos personalizados

En el panel de Mezclador accedemos a los volúmenes de cada uno de los instrumentos por separado, su panorama (posición a la derecha o izquierda), reverberación o coro.

Podremos también activar la opción de escucharlos a solo o silenciar algunos.

134

En la pestaña desplegable podemos cambiar el sonido del instrumento. No todos los sonidos incluidos en los bancos de sonido son o están definidos como instrumentos, este será el lugar para conseguir sonidos más personalizados.

Si está activado Set de percusión nos permitirá elegir entre diferentes sonidos de baterías o percusión orquestal en función de las necesidades.

18.3 Reproducción con Swing

De nuevo otro pequeño detalle que ayuda a acceder a los creadores de música de Jazz. En el panel de reproducción aparece ahora la opción de reproducir con Swing.

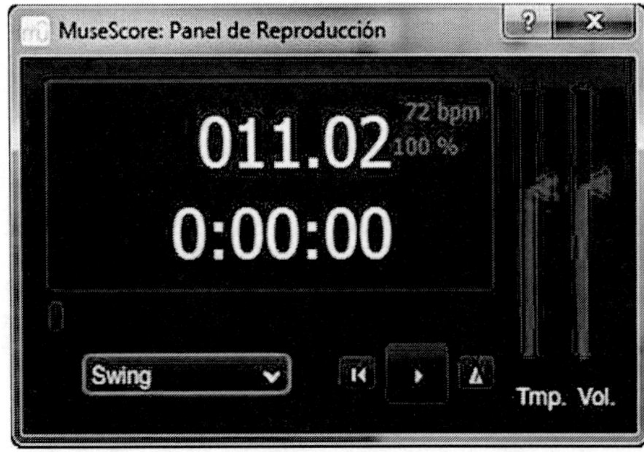

19 MUSESCORE EN ANDROID, IPAD Y IPHONE

Una de las novedades de MuseScore es la posibilidad de llevar tus partituras en el bolsillo mediante los visores para Andorid, e iOS. Además podrás descargarte todas las partituras compartidas en:

http://musescore.com/

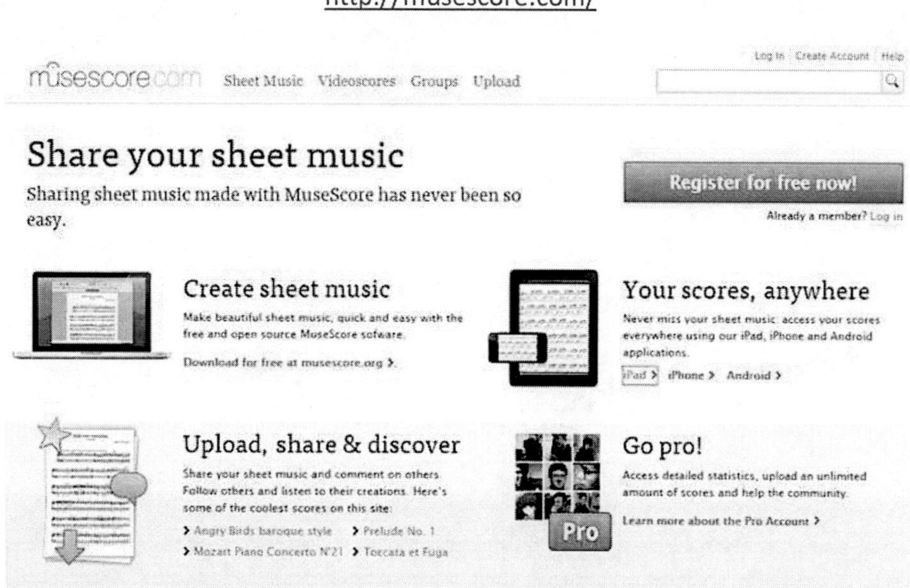

Para poder subir partituras sin límite tienes que crear una cuenta Pro. Además permite la sincronización de la partitura con interpretaciones musicales en video alojadas en YouTube.

20 VIDEO PARTITURAS CON MUSESCORE

Otro de los servicios de una cuenta Pro es la posibilidad de sincronizar de manera fácil las partituras subidas con interpretaciones en video alojadas en YouTube. Esto nos permite compartir contenidos con un sonido real.

Sus aplicaciones en el campo educativo y de la promoción musical son muy interesantes:

TERCERA PARTE

FUNCIONES DE LAS NUEVAS VERSIONES

21 EL FUTURO O EL PRESENTE

El desarrollo libre y abierto de MuseScore nos permite observar la evolución de nuevas ediciones a través de las versiones que sus desarrolladores llaman Nightly. En dichas versiones sus desarrolladores prueban las nuevas funciones y sus problemas.

En las versiones finales puede que estén todas, algunas o incluso haya algunas nuevas. Vamos a echar un vistazo a una de estas versiones para ver algunas de las novedades que pueden plantear futuras versiones de MuseScore.

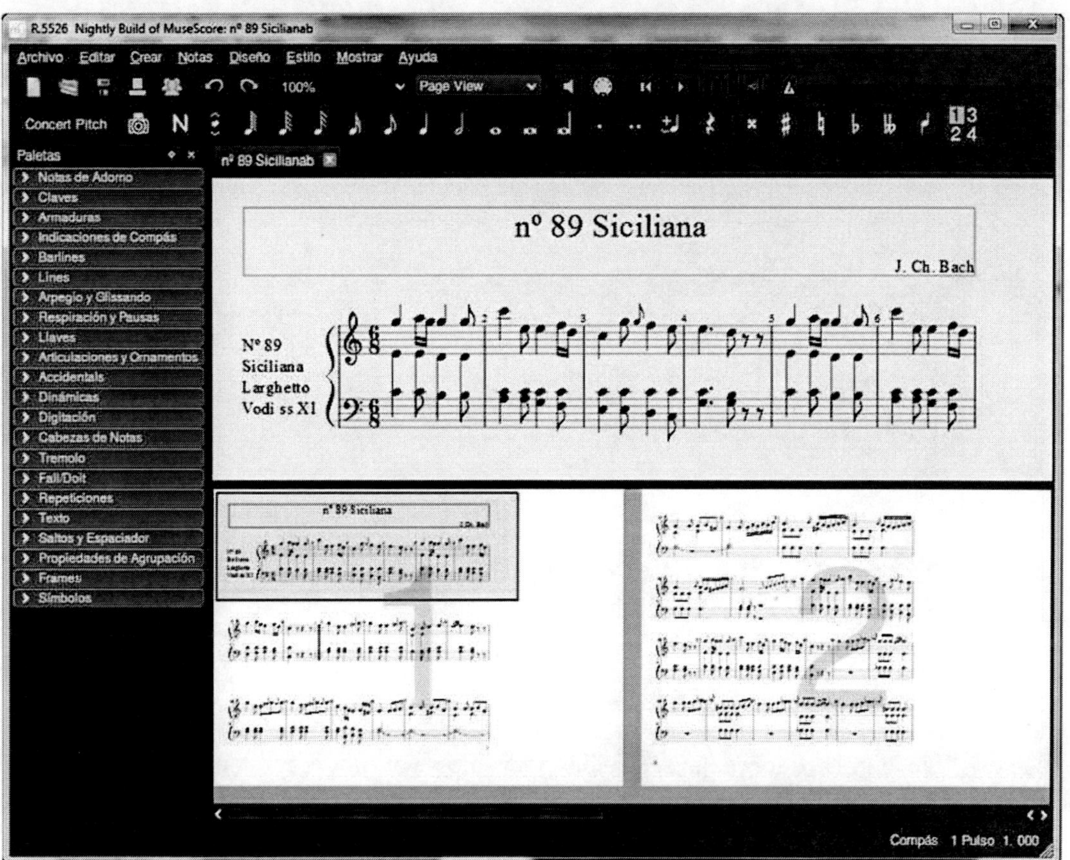

137

21.1 Cambiar la fuente musical

Una de las limitaciones actuales de MuseScore es que no es posible cambiar la fuente musical (figuras y notas) para personalizar más la partitura. Es posible que en determinadas ediciones se prefiera una fuente musical más informal, como por ejemplo en jazz, o una con aspecto más anticuado o simplemente una fuente para música renacentista.
Actualmente no es posible cambiar la fuente pero es algo que aparece en estas versiones de prueba al menos con dos opciones: *Emmentaler* y *Gonville*.

21.2 Modo foto

Bajo el icono de una cámara fotográfica MuseScore cambia el modo de edición a una herramienta de captura de imágenes que permite exportar fragmentos de la partitura a editores de texto o de imagen sin necesidad de exportar toda la partitura. Al pulsarlo un rectángulo traslúcido con asas de arrastre nos permite hacer la selección del fragmento.

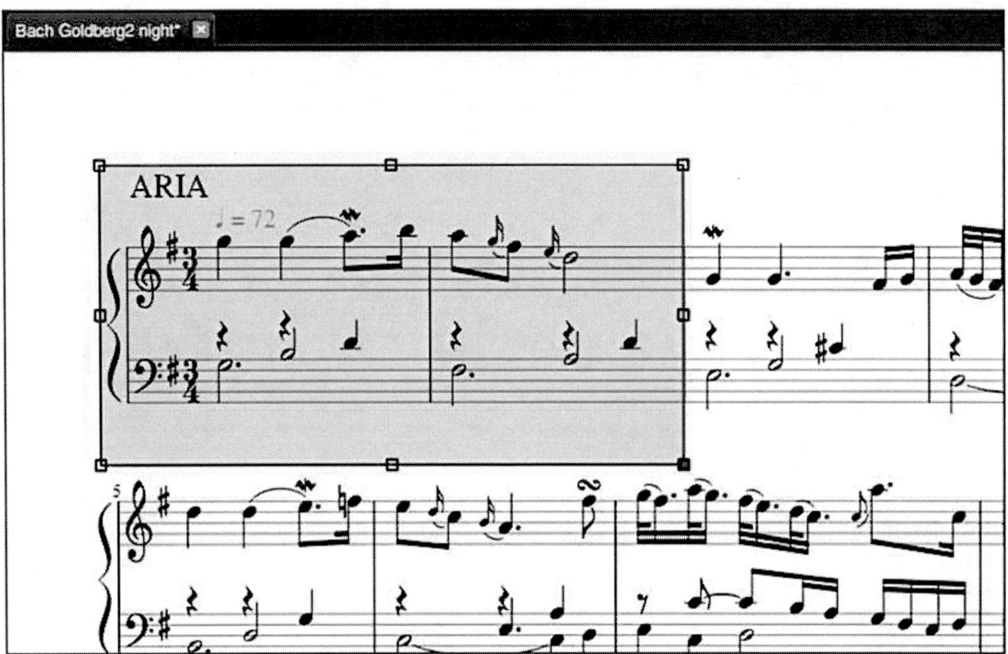

Si hacemos clic derecho sobre la selección podremos ver un menú emergente con las opciones previsatas para esas capturas:

Podemos copiarla, cambiar la resolución de la captura, hacer que el fondo sea trasparente o directamente guardarla en una carpeta.

Si optamos simplemente por copiarla e insertarla en un documento de texto este sería el resultado:

Observamos que la indicación de metrónomo no aparece en la captura pues era un objeto oculto en la partitura.

Si optamos por exportar la captura directamente podremos elegir entre hacerlo a los formatos .png, .pdf, .eps .svg.

21.3 Texto con estilos

En la paleta en el apartado texto podemos ver que se incorporan los estilos de texto para trabajar más cómodamente. Los estilos son texto ya formateado para aplicar a diferentes objetos: indicaciones de tempo, expresión, técnicas,… La ventaja es que cambiando el formato del estilo todo el texto de la partitura cambia automáticamente. Esto se puede hacer en las versiones actuales filtrando los objetos similares como se explicó con antelación. Si se incorporan los estilos no habría más que cambiar el formato del estilo para cambiarlo en toda la partitura sin tener que hacer selecciones.

139

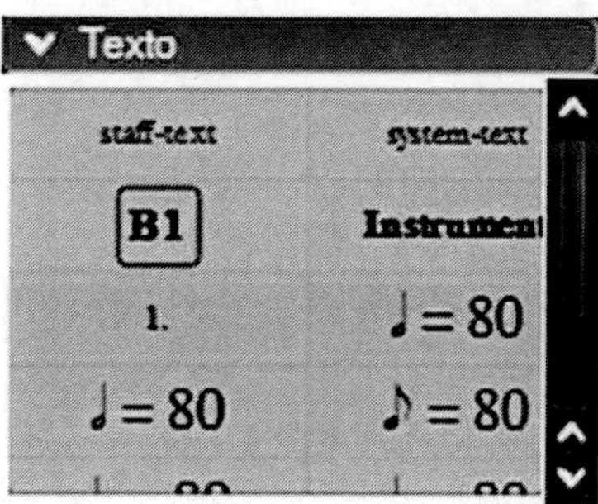

Podemos ver objetos de pentagrama y sistema, marcas de ensayo, nombres de instrumentos, indicaciones de metrónomo,…

Para modificar el formato acudimos a **Estilo>Texto**

21.4 Marcos en la paleta (Frames)

Ahora los marcos se incorporan a la paleta siendo más visible esta propiedad, pero sobre todo facilitando su uso pues ahora basta arrastrar su icono para crearlos en un determinado compás.

21.5 Feathered beams (corchetes en abanico)

Es un estándar de la notación moderna y explicada una solución trabajosa y engorrosa en apartados anteriores. Parece que será incorporada a las nuevas versiones de MuseScore como podemos ver de nuevo en la paleta.

Así mismo se incorporan otras opciones de agrupación más avanzadas.

Para convertir un barrado en "plumado" hay que seleccionar el barrado en cuestión y luego hacer doble clic sobre el botón de la paleta.

21.6 Cambio de sección (Section Break)

Cuando se trabaja en obras con varios movimientos es útil determinar un cambio de sección para que las propiedades de la partitura se apliquen al compás siguiente. Esto puede afectar a que el nombre de los instrumentos sea de nuevo completo, las repeticiones solo afecten a la sección,...

Si utilizamos la propiedad de un cambio de sección en MuseScore comprobaremos que al compás siguiente vuelve a aparecer el nombre completo de los instrumentos.

Además si tenemos repeticiones estás detectarán el cambio de sección y solo repetirán desde el comienzo de la nueva sección.

21.7 Tablaturas y acordes de guitarra

Una de las grandes deficiencias de las versiones actuales de MuseScore es la ausencia de notación integrada para la guitarra. En especial se echa de menos la tablatura para acordes.

Para crear un "pentagrama de **tablatura de guitarra** en Propiedades del sistema elegimos la opción Tablatura. Se puede copiar un fragmento creado en pentagramas tradicionales o viceversa para transformar la notación de un sistema a otro.

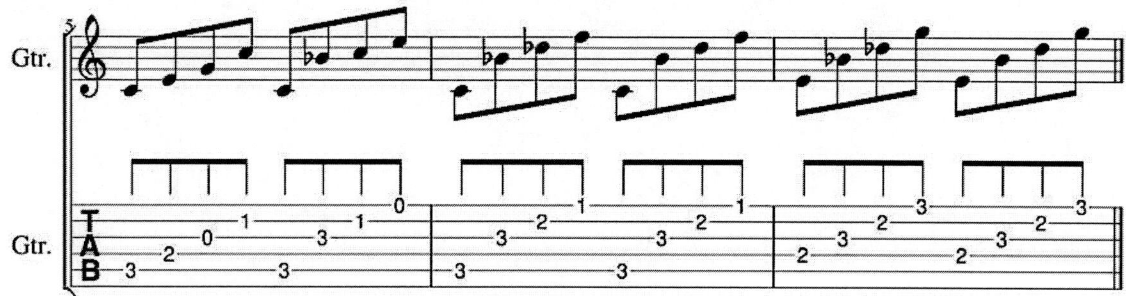

MuseScore parece incorporar al apartado de **símbolos** la posibilidad de crear dichos diagramas de acordes de guitarra.

Para crear un diagrama de guitarra basta arrastrarlo desde la paleta a la partitura. Haciendo clic derecho accedemos a las propiedades de este nuevo objeto para personalizarlo:

141

En **Fret Diagram Propierties...** accedemos a personalizar dicho diagrama de guitarra.

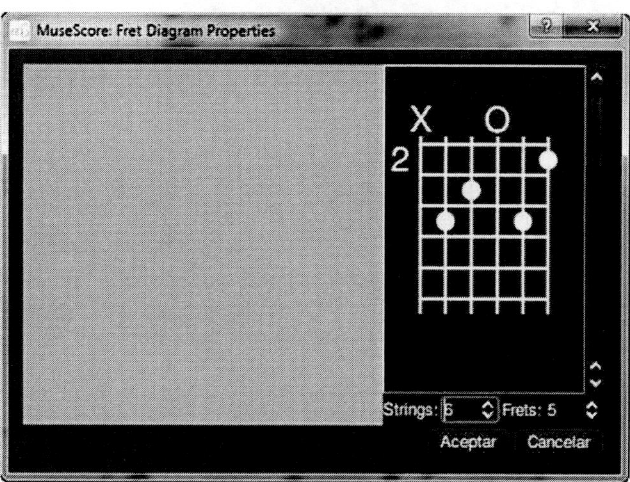

Pulsando sobre las cuerdas podemos añadir o quitar cuerdas al aire, trastes pulsados o cejillas. De momento no incluye una librería de acordes por defecto, pero parece que podría incluirla en la parte vacía del panel.

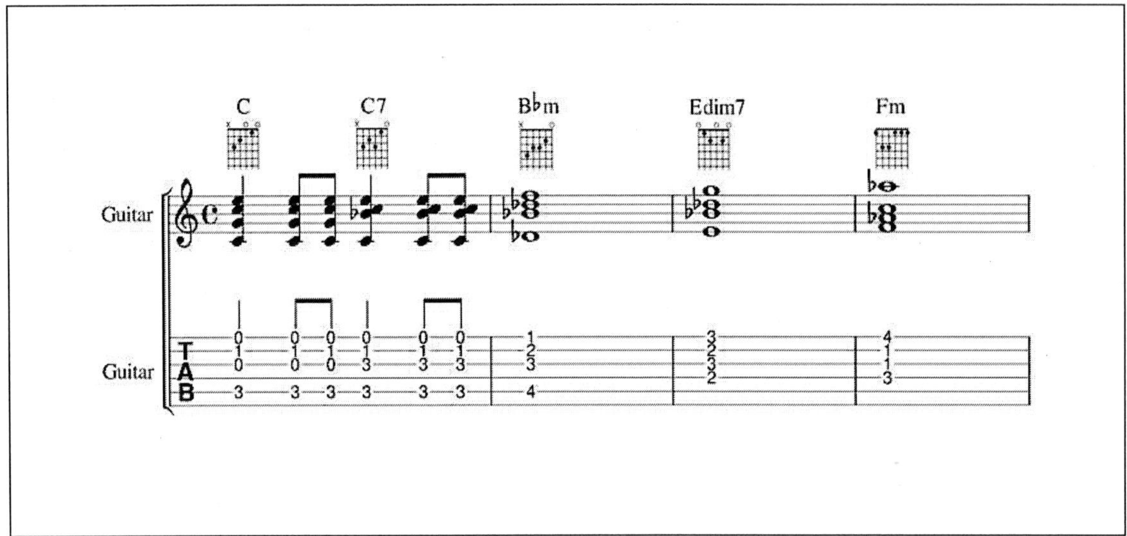

21.8 Cifrados armónicos

MuseScore parece apostar por mejorar sustancialmente sus capacidades para la edición de partituras de Jazz y modernas. Incorpora en el apartado de **Estilo** un nuevo subapartado **Chords** que permite ampliar y modificar la biblioteca de cifrados.

21.9 Encabezados y pies de página

En el apartado de Estilo se incorpora una nueva sección para insertar encabezados y pies de página bastante interesante.

21.10 Bajo cifrado (Figured bass)

Parece también que las nuevas versiones de MuseScore incorporarán un sistema de bajo cifrado nativo. Ya hemos visto anteriormente como utilizar fuentes específicas para hacerlo, pero ahora estará integrado en el programa.

21.11 El Inspector y Debugger

Muchos programas han optado por incorporar a sus programas un panel conocido como Inspector para modificar a través de él propiedades avanzadas. En estas versiones previas de MuseScore parace estar volcándose una antigua característica del programa como es el panel Debug en un panel de inspección para controlar aspectos de espaciado, visibilidad, propiedades,… Este apartado aún está en una fase previa de desarrollo y de momento solo funciona desde el panel Debug. En estas versiones desaparece la opción de ocultar objetos del panel emergente (clic derecho sobre un elemento) para estar en el panel **Debug** que parece estará conectado al **Inspector**.

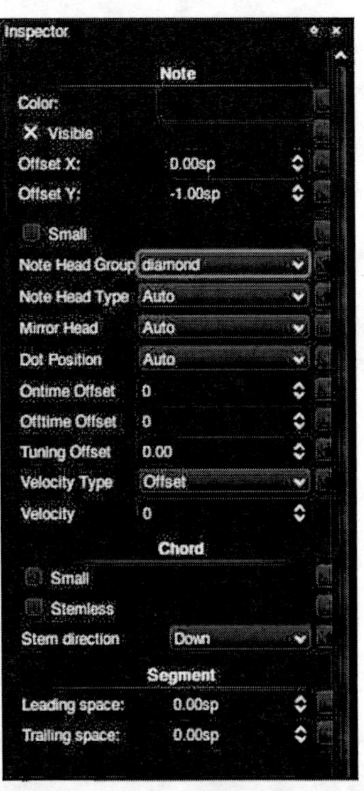

144

22 APENDICES

22.1 Formatos de archivos que exporta MuseScore

Una de las grandes ventajas de MuseScore es la gran cantidad de formatos en los que exporta la información. Esto facilita el intercambio del trabajo con otros programas tanto de edición de partituras como gráficos o de audio.

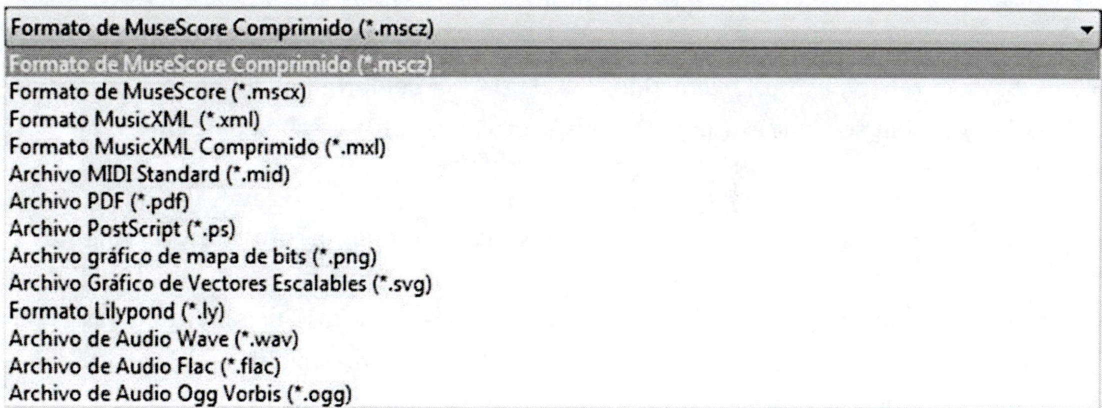

Vamos a comentar brevemente en qué consiste cada uno de los formatos:

mscz y mscx.

musescore

Son formatos nativos de MuseScore.

xml y mxl

Recordare

Son formatos del estándar MusicXML que permite el intercambio de partituras entre programas de edición. En este sistema la información de la partitura es traducida a un archivo de texto que enumera los elementos de la partitura. Una especie de dictado por teléfono de la misma. Cuando el programa receptor la lee realiza el proceso contrario de dibujar en el lenguaje del programa los objetos indicados en la posición indicada y con las características indicadas.

No es un formato de intercambio perfecto pues implica dos procesos en los que se puede perder o deformar información: la traducción en la exportación y una nueva traducción en la importación.

Programas que leen archivos .xml y mxl son Sibelius, Finale, Notion o el propio MuseScore.

145

mid

El formato .mid (MIDI) es el formato estándar de los años 90 diseñado para la comunicación entre dispositivos musicales. En el formato MIDI solo se conserva la información relativa a la producción del sonido: altura, duración, intensidad,... y los controladores MIDI que se puedan haber utilizado: reberv, chorus, expression,..., a diferencia del formato xml en el que además de esta información se indica si la nota lleva articulación, si hay saltos de pentagrama, los matices,...

El formato mid es utilizado para exportar los datos de la partitura especialmente a secuenciadores (Cubase, Sonar, Reaper,...) para pulir la interpretación. Aunque también puede ser importada en los editores de partituras para obtener en este caso una partitura básica. El formato MIDI ha sido durante muchos años el formato de intercambio hasta la aparición del más completo MusicXML.

pdf

146

El formato de intercambio de documentos más conocido (Portable Document Format) . Se trata de generar un documento que pueda ser visualizado o impreso en cualquier ordenador o dispositivo que no tenga el programa original instalado. Además el aspecto del documento no cambia en el nuevo ordenador (siempre que se incrusten las fuentes).

La desventaja es que no es posible editar directamente el documento así generado. Existen programas destinados a convertir archivos pdf a partituras editables como Neuratron PhotoScore o PDFtoMusic. Este último solo trabaja con pdfs con fuentes incrustadas, mientras que PhotoScore trabaja con cualquier tipo de pdf.

ps

Post Script es un formato utilizado en muchas impresoras y, de manera usual, como formato de transporte de archivos gráficos en talleres de impresión profesional. En el archivo se describe la imagen de la página generada por el programa que la impresora o el programa que la importa representa de forma fiel. Es más exacto que el pdf pero también menos intuitivo de manejar.

Al igual que algunas impresoras pueden imprimir los documentos generados por este formato, impresoras virtuales como PDFcreator (gratuito) pueden importar el documento para generar un pdf.

png

PNG (Portable Network Graphics) es un formato gráfico que utiliza un algoritmo de compresión sin pérdida para bitmaps no sujeto a patentes. A pesar de que formatos de menos calidad y portabilidad como jpg gozan de más fama, es uno de los mejores formatos para trabajar con gráficos comprimidos de calidad. Una de sus mayores ventajas es que soporta fondo transparente cualidad que lo hace muy útil en la edición de gráficos para superponer imágenes sin fondo.

svg

SVG (Scalable Vector Graphics) convierte los datos en pantalla del programa a gráficos de tipo vectorial. Los objetos no se representan dentro del formato como imágenes fijas, sino por los factores espaciales que los describen. De este modo el archivo generado tiene dos características muy importantes de cara a la edición y modificación gráfica:

- El aumento de tamaño no *pixeliza* las imágenes, puesto que las imágenes se dibujan a partir de los datos y no se amplían a partir de una representación fija.
- Los objetos pueden ser editados en programas como Inkscape o Illustrator donde cada elemento de una nota puede ser manejado independientemente. Los objetos se pueden rotar, girar, deformar o añadir nuevos objetos para diseñar gráficos complejos.

ly

El formato ly representa el origen de MuseScore. Lylypond en un lenguaje de edición de partituras basado en código similar a xml, que no representa la partitura en pantalla sino que la dibuja a partir del código introducido generando diferentes salidas al compilarlo: pdf, .mid, .wav y .ps.

147

Exportar archivos en este formato permite la edición de los mismos en Lylypond para añadirles funciones que aún no tiene MuseScore. Lylypond es complejo pero es el lenguaje de edición de partituras más completo actualmente.

wav

Es un formato de audio sin compresión nativo de los sistemas operativos Windows. Al exportar en este formato MuseScore genera una interpretación de la partitura que puede reproducirse en cualquier aparato (ordenador, móvil, mp3,...)

flac

FLAC (Free Lossless Audio Codec), es un formato libre para generar audio comprimido sin pérdida. Se trata de generar un archivo de audio de un tamaño considerablemente menor que .wav pero sin pérdida apreciable de calidad. El archivo inicial puede ser recompuesto a través de otro programa de manera que se recupere el archivo original sin compresión con la desventaja de que el recuperado ocupa mucho más espacio del que se obtendría al aplicar compresión con pérdida. Es un formato especialmente útil para compartir archivos sin perdidas de calidad a través de internet ya que el receptor del archivo de menor tamaño puede reconstruir y recuperar el archivo original.

ogg

Ogg es un formato contenedor nativo para los códecs multimedia desarrollados por la Fundación Xiph.org que encapsula datos no comprimidos y permite la interpolación de los datos de audio y de vídeo dentro de un solo formato conveniente. El nombre "Ogg" por lo tanto se refiere al formato de archivo el cual incluye un número de códecs separados e independientes de vídeo y audio, ambos desarrollados en código abierto. Los archivos terminados en la extensión ".ogg" pueden ser de audio o vídeo, aunque existe la recomendación de renombrarlos con la extensión ".oga" para audio y ".ogv" para video.

http://www.xiph.org/ogg/

22.2 Descargar MuseScore

Para descargar MuseScore iremos a la página:

http://musescore.org/es

En la esquina superior derecha tenemos el botón que permite acceder a la descarga del programa.

En función del navegador que utilices el proceso de descarga será ligeramente diferente. Lo mejor es utilizar la opción Guardar y conservar el archivo de instalación en una carpeta donde podamos localizarla en caso de tener que volver a instalarlo.

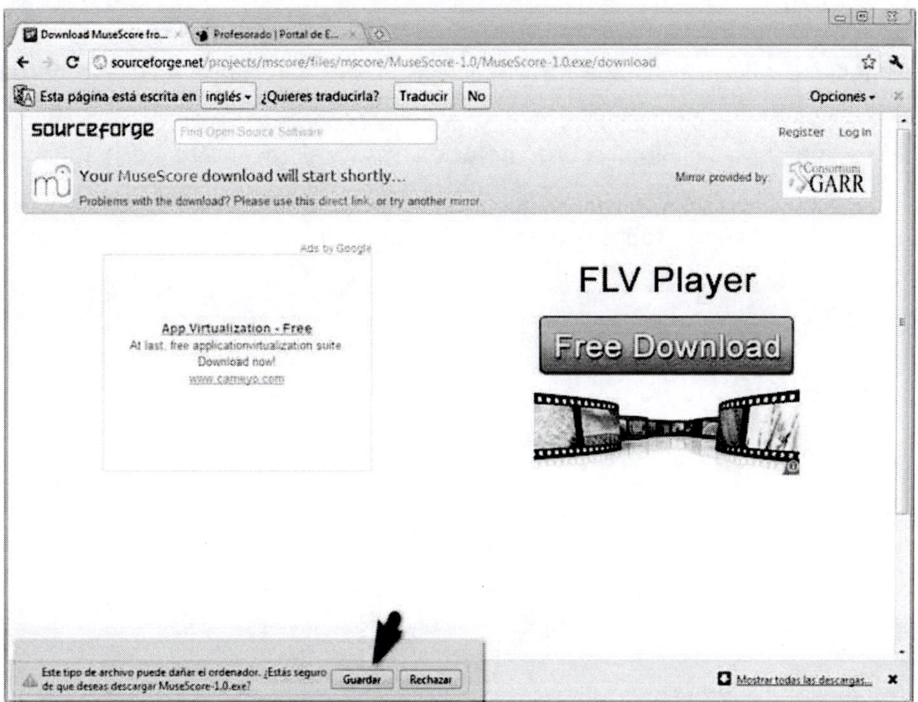

149

La descarga en principio se dirige al archivo de instalación del sistema operativo. Si no es así utilizaremos el enlace Descarga de la parte derecha de la página en la que accederemos a la descarga que necesitemos para nuestro sistema operativo.

23 ENLACES RECOMENDADOS

Aunque el material interesante sobre MuseScore en la red es inmenso, vamos a reunir algunos enlaces especialmente interesantes para introducirse en el tema.

- Página oficial y de descarga: http://musescore.org/
- Utilidades para compartir contenidos creados con MuseScore: http://musescore.com/
- Manual en línea: http://musescore.org/es/manual
- Descarga de plugins: http://musescore.org/es/plugins
- Versiones de desarrollo: http://musescore.org/es/desarrollo
- Tutoriales en video (inglés) http://www.musescoretips.com/
- Página web de Katie Wardrobe sobre tecnología musical http://www.midnightmusic.com.au/
- Comunidad ABCmusicos con foro dedicado al software libre y edición de partiuras: http://abcmusicos.com/foro/
- Notes on notes. Blog sobre notación musical avanzada de John Hinchey: http://johnhinchey.com/
- Of note. Blog sobre notación musical avanzada de Robert Puff: http://www.rpmseattle.com/of_note/

24 BIBLIOGRAFÍA

24.1 Específica de MuseScore

WARDROBE, Katie: Musescore the essential beginners guide (e-book)

MATEOS BARRADO, Juan Félix: Edición de medios digitales con Software libre (Anaya multimedia)

24.2 Sobre edición musical en general

GOULD, Eliane: Behind Bars (Faber Music)

GEROU, Tom y LUSK, Linda: Diccionario esencial de la notación musical (Ma Non Troppo)

25 ÍNDICE DE MATERIAS.

151